LÜGEN DER WELTGESCHICHTE

Holger Vornholt

LÜGEN DER WELTGESCHICHTE

Holger Vornholt
Die dreistesten Lügen der Weltgeschichte

Copyright © 2014 Regionalia Verlag GmbH, Rheinbach

Einbandgestaltung: Beata Salanowski für aqilmedien, Niederkassel

Cover, Abbildung:
Fotolia, Copyright © Erica Guilane-Nachez: Emperor Nero sings & Rome is
burning – Antiquity

Layout und Satz: Manuela Wirtz, www.manuwirtz.de

Printed in Poland

ISBN: 978-3-95540-155-9

www.regionalia-verlag.de

INHALT

Sozialer Lügner: Der „Lügenbaron" Münch-
hausen erzählte seine Lügengeschichten, um
seine Zuhörer zu erfreuen.

VORWORT

Bevor wir uns mit den dreistesten Lügen der Weltgeschichte beschäftigen wollen, sollten wir einmal kurz fragen: Was ist überhaupt eine Lüge? Nun, darüber gibt es die verschiedensten Ansichten. Im eigentlichen Sinne wird von manchen Leuten als Lüge nur die ganz dreiste, plakative Lüge angesehen, bei der der Lügner wissentlich die Unwahrheit sagt in dem Bewusstsein, den Adressaten seiner Lüge damit zu täuschen. Das scheint aber angesichts der Zustände, die man in der Geschichte und in der Politik vorfindet, zu kurz gegriffen, denn hier wird - so viel sei an dieser Stelle ruhig schon mal verraten - getrickst, getäuscht, betrogen und gelogen, dass sich die Balken biegen. So ist es nicht verwunderlich, dass im Deutschen Bundestag der Vorwurf „Lügner" als besonders unstatthaft gilt und stets mit einer Rüge bestraft wird - vielleicht, weil er die Wahrheit ist?

Oft entstehen Lügen auch daraus, dass nur der Teil der Wahrheit weitergeben wird, der dem Lügner ins Konzept passt, der missliebige Teil aber verschwiegen wird. Dadurch wird der weitergegebene Teil der Wahrheit aber selbst zur Unwahrheit. So führt das Zurückhalten von Informationen am Ende zur Lüge. Ebenfalls zur Lüge wird die Wahrheit, wenn bestimmte, dem Lügner unliebsame Dinge beschönigt dargestellt oder andere, dem Lügner genehme Fakten übertrieben herausgestellt werden. Manchmal wird der Begriff „Lüge" auch quantitativ definiert und eine unwahre Aussage erst ab einem bestimmten Grad der enthaltenen Unwahrheit oder einer bestimmten Schwere ihrer Auswirkung als Lüge bezeichnet. Unterhalb dieser Schwelle spricht man dann von „Schwindelei", „Täuschung" oder augenzwinkernd gar von „List". Aber das sind soziale Definitionen, wenn es um die Weltgeschichte und ihre führenden Akteure geht, sollte man das wissentliche Weitergeben von Unwahrheiten grundsätzlich als Lüge bezeichnen - auch wenn es natürlich hier auch Unterschiede in der Schwere, dem Ausmaß und den Folgen der Lüge gibt. Grenzfälle gibt es in den Bereichen, in denen Menschen aus Unwissenheit Unwahrheiten weitergeben oder Lügen verbreiten, an die sie selbst wirklich glauben. Die Ersteren sind streng genommen keine Lügner, auch wenn sie leicht dafür gehalten werden können. Deshalb sollte man ihnen dringend empfehlen - und das ist schon seit der Aufklärung und seit Immanuel Kant bekannt -, sich aus ihrer selbst verschuldeten Unwissenheit zu befreien, bevor sie ungeprüft Behauptungen Dritter weiterverbreiten. Bei der zweiten Gruppe - früher auch als „notorische" Lügner bezeichnet - handelt es sich meist um Menschen mit einer pathologischen Persönlichkeitsstörung.

Woher kommt die Lüge? Wahrscheinlich ist sie wohl schon so alt wie die Menschheit. Im Gegensatz zu ihren engsten Verwandten im Tierreich, den Menschenaffen, können die Menschen sprechen. Durch Vergleiche des Halses, des Rachens und des Mundes von Men-

schenaffen mit denen von Steinzeitmenschen hat man festgestellt, dass die Entwicklung der Sprache Hunderttausende von Jahren gedauert hat. Schädel von Steinzeitmenschen zeigen, dass diese Entwicklung wohl vor 60.000 Jahren beim Neandertaler abgeschlossen war. Wahrscheinlich konnte er also schon richtig sprechen – und wahrscheinlich hat er auch schon gelogen.

Moderner Lügenbaron: Am 5. Februar 2003 legte US-Außenminister Colin Powell dem UN-Sicherheitsrat angebliche „Beweise" dafür vor, dass Saddam Hussein über Massenvernichtungswaffen verfüge.

Lügen haben – einmal in die Welt gesetzt – ein erstaunliches Eigenleben, solange sie nicht schnell genug enttarnt werden. Wenn nur genügend Leute sie glauben und weitererzählen, verbreiten sie sich exponentiell und können dabei auch noch beliebig gesteigert oder verfremdet werden. Und wenn sie nicht schnell genug entlarvt werden, können sie ewig leben. Wenn sie erst einmal alt genug sind und in der Vergangenheit von genügend Menschen geglaubt worden sind, kann man sie irgendwann kaum noch als Lügen erkennen. Man könnte fast sagen: Die Lüge ernährt sich vom Glauben der Belogenen. Dabei ist sie ein erstaunliches sprachliches und logisches Phänomen, das manchmal in Grenzbereiche führt, in denen man zwischen Lüge und Wahrheit nicht mehr unterscheiden kann, wie in dem bekannten Paradoxon der Aussage: „Ich lüge jetzt". Sage ich mit dieser Aussage die Wahrheit, dann lüge ich, und lüge ich umgekehrt mit dieser Aussage, dann sage ich die Wahrheit. Das muss man erst einmal verdauen.

Aber warum lügen Menschen überhaupt? Das kann verschiedene Gründe haben. Grundsätzlich kann man zwischen der altruistischen und der egoistischen Lüge unterscheiden. Der altruistische oder auch soziale Lügner kann zum Beispiel eine scherzhafte Lüge von sich geben, um alle Anwesenden zu erheitern. In diese Kategorie fällt auch ein Trainer, der seine Mannschaft motivieren will und ihr vorlügt, sie sei besser als der

Gegner. Sehr viel wird auch altruistisch gelogen, um andere Menschen zu trösten oder ihnen Komplimente zu machen. Dem steht die egoistische Lüge gegenüber, von der sich der Lügner einen persönlichen Nutzen erhofft. Dazu gehört die aus Angst geborene Notlüge, mit der der Lügner möglichen Schaden von sich abwenden will, aber auch die vorsätzliche, asoziale Lüge, mit der der Lügner sich zum Nachteil anderer Menschen einen persönlichen Vorteil verschaffen will. Und warum ist die Lüge so erfolgreich? Weil, wie die folgenden Kapitel über die dreistesten Lügen der Weltgeschichte zeigen werden, die Lügner oft genug damit durchkommen. Allgemein scheint nämlich zu gelten: Je mächtiger der Lügner, umso mächtiger ist auch die Lüge, weil so viele Menschen sie dann glauben – oder dazu gezwungen werden.

„DIE SCHÖNE HELENA WAR TROJAS UNTERGANG"

Wurde der Krieg um Troja wirklich wegen einer Frau geführt?

Ist dichterische Freiheit Lüge? Sie kann als solche benutzt werden, wenn sie mit der historischen Wahrheit kollidiert und sonstige aufklärende historische Quellen fehlen. Worum es geht: um nichts weniger als die älteste Geschichte der Welt. Die „Ilias" des griechischen Dichters Homer gilt bis heute als „Geburtsstunde" der Literatur. Die Story ist schnell erzählt: Die Göttinnen Aphrodite, Pallas Athene und Hera geraten miteinander in Streit. Der Grund: Sie können sich einfach nicht darüber einigen, wer von ihnen nun objektiv die Schönste ist. Nun brauchen sie dringend jemanden, der sie Sache ein für alle Mal für sie entscheidet. Ihre Wahl fällt auf den Jüngling Paris, den jüngsten Sohn des Königshauses von Troja. Der arme Kerl hat nun natürlich ein Riesenproblem: Egal, wie er sich entscheidet, hat er zwar eine Göttin auf seiner Seite, dafür aber gleichzeitig garantiert zwei andere Göttinnen als handfeste Feindinnen, und wer will das schon? Doch ihm bleibt keine Wahl, und als er sich für die schöne Aphrodite entscheidet, ist sein Schicksal eigentlich schon besiegelt.

Immerhin verspricht Aphrodite Paris die schönste Frau der Welt zur Gemahlin. Doch auch das sollte sich für Paris als böser Bumerang erweisen, denn die schönste Frau der Welt war die schöne Helena, und die war leider schon vergeben. Und zwar nicht einfach an irgendjemanden, sondern an keinen Geringeren als Menelaos, den König von Sparta und einen der mächtigsten griechischen Könige. Paris begegnet Helena auf einer Reise nach Sparta und verliebt sich unsterblich in sie. Helena erwidert schließlich seine Gefühle, und während Menelaos' Abwesenheit fliehen die beiden aus Sparta – nicht, ohne allerdings auch noch den Staatsschatz mitgehen zu lassen.

So etwas macht man natürlich nicht ungestraft mit einem Menelaos, und prompt sinnt dieser natürlich auf Rache. Gemeinsam mit seinem Bruder Agamemnon, dem mächtigen

Rechte Seite: Eine historische Landkarte von Troja des Engländers Alexander Pope (1688–1744) von 1716.

König von Mykene, stellt er eine gewaltige Streitmacht auf, die Helena (und vermutlich auch den Staatsschatz) zurückholen soll. Damit die Sache auch klargeht, engagieren sie auch die gewaltigsten Kämpfer und Strategen der Griechen, wie etwa den weithin unverwundbaren Achilleus, den riesigen Ajax oder den listigen Odysseus aus Ithaka. Die griechische Flotte sticht in See und hält Kurs auf die kleinasiatische Küste. Bald darauf gehen die Griechen vor den Toren Trojas an Land.

In Troja ist man indes alles andere als begeistert über Paris' Coup, denn König Priamos fürchtet zu Recht die Rache des Menelaos. Bald bricht der Krieg los. Er brandet hin und her, ohne dass sich eine Seite entscheidend durchsetzen kann. Das erregt natürlich prompt das Interesse der Götter, die sich trotz des Verbotes von „Chefgott" Zeus munter in die Schlachten einmischen. Vor allem unseren drei streitbaren Göttinnen vom Anfang begegnen wir hier wieder. Aphrodite steht natürlich auf der Seite von Paris und Troja, Pallas Athene und Hera hingegen – wen wundert's – aufseiten der Griechen. Die können zusätzlich auch auf Hilfe von Poseidon hoffen, während die Trojaner von Apollon unterstützt werden. Zehn Jahre tobt der Krieg, ohne dass es zu einer Entscheidung kommt. Im Gegenteil, denn so langsam gehen beiden Seiten allmählich die Helden aus. Der mächtige Hektor wird von Achilleus im Zweikampf erschlagen, aber der stirbt später an einem vergifteten Pfeil, der von Paris abgeschossen und Apollon dorthin gelenkt wird, wo es Achilleus besonders wehtut: in seine berühmte, ungeschützte Ferse, die einzige verwundbare Stelle seines Körpers.

In der Folgezeit tritt der Krieg auf der Stelle, die Griechen kommen allein mit Kampf nicht mehr weiter. Nun schlägt die große Stunde des listigen Odysseus, der die Jahrhundert-Idee mit dem Trojanischen Pferd hat. Die Griechen täuschen ihren Abzug vor, doch eine Elitetruppe steckt im hohlen Körper des riesigen Holzpferdes, das sie zurücklassen. Jetzt machen die Trojaner den tödlichen Fehler, das Pferd in ihre Stadt zu bringen. In der folgenden Nacht kommen die Griechen aus dem Pferd heraus und richten in der Stadt ein fürchterliches Gemetzel an. Alle trojanischen Krieger werden getötet, alle Frauen und Kinder in die Sklaverei verkauft. Troja wird bis auf die Grundmauern niedergebrannt, und Helena muss wieder zurück zu Menelaos in dessen spartanische Welt.

So weit also die Erzählung des Homer. Die war übrigens bereits in der Antike sehr populär. Bis in die römische Zeit hinein waren den Menschen die Geschichte und auch die geografische Lage von Troja bestens bekannt. Homers Story wurde sogar noch fortgeschrieben, etwa von dem römischen Dichter Vergil. In dessen „Aeneis" ist Aeneas der einzige männliche überlebende Trojaner, der aus der brennenden Stadt flüchten kann. Nach langen Irrfahrten kommt er schließlich ins italienische Latium, wo er die Stadt Rom gründet.

Doch mit dem Beginn des Mittelalters ging auch dieses Wissen verloren, und erst die sensationelle Entdeckung des antiken Troja durch den deutschen Archäologen Heinrich Schliemann zu Beginn des 20. Jahrhunderts brachte den Menschen die Erkenntnis, dass in Homers „Ilias" möglicherweise ein historisch wahrer Kern steckt. Mittlerweile konnten die intensiven Grabungen auch einen Ort nachweisen, der höchstwahrscheinlich um rund 1200 vor Christus durch einen Brand vollständig zerstört worden ist. Während eine Minderheit von Historikern dafür eher ein schweres Erdbeben verantwortlich macht, neigt die Mehrheit der Forscher heute zu der Theorie, dass die Stadt wirklich von den Griechen in einem Krieg niedergebrannt wurde.

Aber warum sollten die Griechen so etwas tun? Wegen einer Frau? Das ist wenig plausibel, wenn man sich einmal die Zustände in Griechenland vor weit über 3000 Jahren vorzustellen versucht. Die Historiker nennen diese Zeit auch „Dark Ages", also „dunkle Zeiten", weil schriftliche Quellen der Griechen selbst aus dieser Epoche nicht existieren. Allgemein ist das 2. Jahrtausend vor Christus aber als das Zeitalter der griechischen Landnahme und Expansion bekannt. Und Troja scheint nicht das

Porträt des deutschen Archäologen Heinrich Schliemann (1822–1890), der im Jahre 1871 die Ruinen von Troja entdeckte.

erste Opfer dieser expansiven Griechen gewesen zu sein. 250 Jahre vor Troja erwischte es die minoische Kultur auf Kreta. Von schweren Erdbeben geschwächt, wurden die einstmals so stolzen Minoer vermutlich von Griechen aus Mykene angegriffen. Um 1400 vor Christus übernahmen diese dann die Herrschaft auf Kreta.

Aber zurück zu Troja. Zehn lange Jahre sollen die Griechen die Stadt nach Homer belagert haben. Hatten sie denn in dieser Zeit nichts anderes zu tun? Musste Menelaos nicht fürchten, dass ihm sein Königtum bei einer derart langen Abwesenheit entgleitet? Irgendetwas muss an Troja gewesen sein, das eine so lange Abwesenheit der Griechen von ihrer Heimat rechtfertigte. War es Helena? Nicht überzeugend, zumal sie in den Kriegsjahren ja auch nicht jünger geworden ist. Ein weiteres Indiz lenkt in eine andere Richtung:

Die Stadt wird von Homer als unermesslich reich beschrieben. War das vielleicht ein Grund für den Angriff der Griechen? War der Krieg um die schöne Helena letzten Endes doch nur ein schnöder Eroberungskrieg? Vieles spricht dafür, vor allem wenn man bedenkt, dass bald nach der Zerstörung Trojas die griechische Besiedelung der kleinasiatischen Küste begann. Ein weiterer Aspekt ergibt sich, wenn man sich die geografische Lage der Stadt einmal näher anschaut. Troja lag genau an der Einfahrt in die Dardanellen und kontrollierte damit den Seeweg zwischen Mittelmeer und Schwarzem Meer – eine überragende strategische Position. Schließlich musste der gesamte bronzezeitliche Seehandel zwischen dem östlichen Mittelmeer und dem Schwarzen Meer über Troja abgewickelt werden. Aufgrund dieser Sachlage kann man also Folgendes feststellen: Sollte tatsächlich ein historisch wahrer Kern in Homers Erzählung stecken und sollten wirklich die Griechen Troja angegriffen und nach langem Krieg besiegt und zerstört haben, dann ganz sicher nicht wegen der schönen Helena. Die Gründe für einen solchen Krieg wären wohl viel eher in dem Reservoir von Kriegsgründen zu suchen, die schon früher, aber auch später noch die Gründe für die allermeisten Kriege waren und es selbst heute noch sind: Expansion, Eroberungswille, Habgier und strategisches Machtinteresse. Epischer und tragischer liest sich die Geschichte natürlich in Homers Version, und so entspringt die schöne Helena wohl am ehesten seiner völlig legitimen dichterischen Freiheit.

„ALEXANDER DER GROSSE"

War Alexander von Makedonien wirklich „groß"?

Man kann als Herrscher auch „der Große" werden, indem man andere zwingt, Notlügen zu erfinden. „Drei-drei-drei – bei Issos Keilerei!" So lernte früher jedes Kind im Geschichtsunterricht, dass spätestens mit dem vorentscheidenden Sieg über die Perser im Jahre 333 vor Christus aus dem jungen König Alexander von Makedonien Alexander der Große wurde. Der persische Großkönig Dareios III. musste fliehen, seine gesamt Kriegskasse sowie Kleinasien waren in griechischer Hand, und den Griechen standen der Nahe Osten, Persien und Ägypten offen. Das waren optimale Voraussetzungen für den nun folgenden beispiel- und rücksichtslosen Eroberungszug der Griechen. Auch heute noch lernen die Schüler, dass Alexander der Große der größte Mann der griechischen Antike war, weil er die griechische Kultur, den „Hellenismus", in die entlegensten Winkel der Welt getragen hat.

Doch sollte an dieser Stelle auch einmal eine Nachfrage gestattet sein: Wann ist denn ein Herrscher wirklich groß? Was macht einen König oder Kaiser zu einem „Großen"? Schauen wir uns doch einmal ein paar Beispiele an. Etwa Karl den Großen: Der legendäre Frankenherrscher hat die Kultur der Antike wiederbelebt, ein neues Römisches Reich erschaffen und die römisch-katholische Kirche vor dem Untergang bewahrt. Zudem hat er mit seinem Reich die Keimzelle geschaffen, aus der dann Jahrhunderte später Frankreich und Deutschland entstanden sind. Das kann man wohl nachhaltig nennen, denn die Folgen seines Handelns wirken bis in die heutige Zeit weiter. Oder Friedrich der Große: Unter seiner Herrschaft stieg Preußen zur europäischen Großmacht auf. Zwei Jahrhunderte später formte Preußen als stärkster deutscher Staat den ersten deutschen Nationalstaat der Geschichte – auch das war eine nachhaltige Entwicklung. Natürlich bestand bei beiden Herrschern ein Großteil ihres Handelns aus militärischen Feldzügen – aber allein aufgrund seiner moralischen oder ethischen Qualitäten ist schließlich noch keinem Herrscher der Titel „der Große" verliehen worden.

Doch zurück zu Alexander. Der Sohn von König Philipp II. von Makedonien war schon seit seiner Jugend vor allem eines: Soldat! Schon mit 16 Jahren führte er die Reiterei seines Vaters in die verschiedensten Kriege zur Unterwerfung der griechischen Staatenwelt. Nach der Ermordung seines Vaters im Jahre 336 vor Christus trat er dessen Nachfolge als König von Makedonien an. Zwei Jahre brauchte er, um seinen Machtanspruch gegenüber

Darstellung Alexanders in dem berühmten Alexanderschlacht-Mosaik von Pompeji. Es zeigt wahrscheinlich die Schlacht von Issos im Jahre 333 vor Christus.

den Griechen durchzusetzen – mit teils drakonischen Mitteln. So ließ er die rebellische Stadt Theben kurzerhand dem Erdboden gleichmachen und alle überlebenden Bewohner in die Sklaverei verkaufen. 334 vor Christus begann dann sein Feldzug gegen die Perser, im Folgejahr waren die Perser nach der bereits erwähnten Schlacht von Issos aus Kleinasien verdrängt. Nun richtete der persische Großkönig Dareios III. ein Friedensangebot an Alexander. Er bot ihm den Westteil des Persischen Reiches bis zum Euphrat sowie ein Vierfaches der erbeuteten Kriegskasse als Lösegeld für seine von den Griechen gefangen genommene Frau und seine Tochter an. Über Alexanders Reaktion gab es einen Bericht des zeitgenössischen Geschichtsschreibers Kallisthenes von Olynth, des „Leibhistorikers" und Biografen Alexanders. Demnach sagte der hochdekorierte makedonische General

Parmenion, er würde das Angebot annehmen, wenn er Alexander wäre. Daraufhin erwiderte Alexander, das würde er auch tun, wenn er Parmenion wäre.

In der Rückschau wird spätestens an dieser Stelle durch die Zurückweisung des persischen Friedensangebotes klar, dass es Alexander eben nicht nur um Rache für die Perserkriege der vergangenen Jahrhunderte und die Verdrängung der Perser aus Kleinasien ging, sondern um viel mehr: Es ging Alexander um nicht weniger als die Eroberung des riesigen Perserreiches. Das war auch für die Griechen damals eine neue Entwicklung, hatten sie doch mit dem Sieg von Issos und dann dem Sieg von Tyros 332 vor Christus – nach dem Dareios sein Friedensangebot noch einmal erneuerte – gehofft, dass der Feldzug nun vorbei sei und nun Frieden einkehren würde.

Anders aber Alexander. Vor dem Beginn des großen Persienfeldzugs jedoch vollzog er eine Wandlung, eine Metamorphose, die ihn von seinen Griechen noch unendlich viel weiter entrückte als seine sowieso schon herausgehobene Position als König: Alexander wurde Gott! Und das, was man heute landläufig als Größenwahn bezeichnen würde, kam so: 332 vor Christus wandte sich Alexander mit seinem Heer nach Ägypten. Nach der Eroberung Kleinasiens, des Nahen Ostens und Ägyptens würde er dann eine breite Ausgangsbasis für den Feldzug nach Persien besitzen. Nach der Eroberung Ägyptens ließ er sich nun zum Pharao und zum Sohn des Amun-Re ausrufen, des „Königs" der altägyptischen Götter. 331 vor Christus zog Alexander 400 Kilometer durch die Wüste bis in die Oase von Siwa. Das dort ansässige Orakel bestätigte Alexanders göttliche Abstammung als Sohn des Amun-Re und nun zusätzlich auch noch des Zeus. Spätestens jetzt war der König von Makedonien kein gewöhnlicher Sterblicher mehr und stand auf einer Stufe mit den Göttern und den größten Helden der griechischen Sagen, wie etwa Herakles oder Achilleus.

Durch diese Verwandlung hatte sich Alexander „seinen" Griechen immer weiter entfremdet – aber er brauchte sie auch immer weniger, weil er sich in den eroberten Ländern stets schnell mit den Eliten arrangierte – sofern sie ihm gewogen waren. Das waren sie aber meist, denn wer gegen Alexander war, würde ein schreckliches Schicksal erleiden. Städte etwa, die es wagten, sich gegen Alexanders Heere zu verteidigen, wurden in der Regel dem Erdboden gleichgemacht. Die Einwohner wurden entweder niedergemetzelt oder in die Sklaverei verkauft. Theben lässt grüßen! Da war es natürlich leicht, auf den Ruinen der zerstörten Städte mehr als 80 Alexandrias zu gründen.

So vergingen die nächsten Jahre. Alexander eilte rastlos von Schlacht zu Schlacht, von Feldzug zu Feldzug. Er wurde „König von Asien", trieb König Dareios III. in den Tod und ließ dessen Mörder Bessos überaus brutal hinrichten. Er überquerte mit seiner Armee den Indus und eroberte den Westen Indiens. Als seine Soldaten zu rebellieren begannen, nahm er sie bei Gewaltmärschen in der Wüste so hart ran, dass drei Viertel von ihnen verhungerten oder verdursteten.

Ebenfalls im Alexanderschlacht-Mosaik von Pompeji ist der persische Großkönig Dareios III. abgebildet, der sich bereits zur Flucht wendet.

Die ganze Zeit über schrieb dabei sein „Leibhistoriker" Kallisthenes Geschichten und Legenden über Alexander, die sich schon zu Lebzeiten des Feldherrn in Windeseile verbreiteten und die Grundlage für den „Mythos Alexander" bildeten, der sich hartnäckig über beinahe zweieinhalb Jahrtausende bis heute gehalten hat. Doch wer will Kallisthenes diese willfährige, panegyrische Geschichtsschreibung schon vorwerfen, wenn man sieht, wie der zunehmend größenwahnsinnige und alkoholkranke Alexander sogar mit seinen engsten Freunden umging? Kleitos etwa tötete er im Rausch eigenhändig, weil er eine andere Meinung vertrat, Philotas und Parmenios ließ er foltern und hinrichten, und auch Kallisthenes ereilte dieses Schicksal am Ende. Einem Gott widerspricht man eben nicht.

Als Alexander mit fast 33 Jahren in Babylon an Malaria starb, zerplatzte sein Weltreich wie eine Seifenblase. Seine gesamte Familie inklusive seines posthum geborenen Sohnes wurde innerhalb kürzester Zeit ermordet, seine Feldherren teilten sein Reich untereinander auf. Erst jetzt, unter den „Diadochen", setzten Nachhaltigkeit und Entwicklung ein, die eigentliche Hellenisierung der Welt begann erst jetzt, und zwar durch friedliche Entwicklung und nicht durch das Schwert. Deshalb sollte man den blutrünstigen Feldherrn aus Griechenland lieber Alexander von Makedonien nennen. Doch die Notlügen, die von Kallisthenes in die Welt gesetzt wurden, leben leider weiter, und so wird er auch wohl weiterhin Alexander „der Große" bleiben. Übrigens: Die Notlügen über Alexander haben Kallisthenes am Ende doch nicht gerettet: Im Sommer des Jahres 327 vor Christus fiel er bei Alexander in Ungnade, da er sich weigerte, vor dem Herrscher auf die Knie zu fallen, weil man das zu jener Zeit eigentlich nur bei einem Gott machte. Der größenwahnsinnige Alexander betrachtete dies als persönlichen Verrat. Daraufhin konstruierte er den Verdacht der Beteiligung an einer Verschwörung und ließ Kallisthenes foltern und hinrichten.

„ARMINIUS WAR DER STAMM-VATER DER DEUTSCHEN"

Warum Arminius kein „Deutscher" war

Über keine andere Person des antiken Germaniens ist so viel gelogen worden wie über Arminius, den Fürsten der Cherusker. Von dem römischen Geschichtsschreiber Tacitus als „Befreier Germaniens" bezeichnet, machten nationalkonservative Kreise im 19. Jahrhundert aus ihm den „Stammvater der Deutschen" und versuchten so, die nationale Identität der Deutschen sozusagen rückwirkend bis in die Antike zu verlängern. Dabei sollten nach Arminius noch viele Jahrhunderte vergehen, bis man erstmals überhaupt von so etwas wie Deutschland sprechen konnte.

Aber der Reihe nach: Als Arminius vermutlich um 17 vor Christus geboren wurde, versuchten die Römer schon seit Jahrzehnten, das rechtsrheinische Germanien unter ihre Kontrolle zu bekommen und zu einer römischen Provinz zu machen. Im Jahre 59 vor Christus hatten sie im Rahmen der Eroberung Galliens durch Cäsar die linksrheinischen Gebiete Germaniens besetzt und als Provinzen Germania Superior und Germania Inferior zum Teil des Römischen Reiches gemacht. Seit der ersten Rheinüberquerung Cäsars im Jahre 55 vor Christus richtete sich ihr Interesse aber auch zunehmend auf die rechtsrheinischen Gebiete Germaniens. Ab 54 vor Christus unternahmen römische Truppen Expeditionen ins freie Germanien. Umgekehrt überschritten aber auch immer wieder germanische Stämme den Rhein nach Westen, um gallische Stämme bei ihrem Kampf gegen die Römer zu unterstützen. Bis 51 vor Christus blieb die Lage am Rhein explosiv. Mehrfach mussten die Römer angreifende Germanen abwehren, so im Jahre 55 vor Christus die über den Rhein übergesetzten Usipeter und Tenkterer und 53 vor Christus die Sugambrer. In der Folgezeit verfolgten die Römer zwei Strategien. Zum einen versuchten sie die Rheingrenze durch Ansiedlung germanischer Stämme zu schützen. So siedelte Marcus Vipsanius, der Statthalter in Gallien, 19 vor Christus die Ubier um Köln, die Vangionen um Worms, die Nemeter um Speyer und die Triboker um Brumath an. Gleichzeitig begannen die Römer unter Drusus ab 12 vor Christus mit jährlichen Sommerfeldzügen, bei denen sie bis 9 vor Christus weite Teile des rechtsrheinischen Germaniens eroberten. Bei diesem Feldzug des Jahres 9 vor Christus, der die Römer ausgerechnet in das Gebiet der Cherusker führte, stürzte Drusus vom Pferd, brach sich ein Bein und starb an den Folgen der Verletzung.

Nationale Vereinnahmung: Der preußische Kronprinz Friedrich Wilhelm IV. fertigte 1813 eigenhändig diese Darstellung der Varusschlacht an.

Dieser Verlust war für die römischen Eroberungspläne ein herber Schlag. Tiberius führte die Eroberungsfeldzüge noch zwei Jahre weiter. Nun waren alle Germanenstämme zwischen dem Rhein und der Elbe unter römischer Kontrolle. In den folgenden Jahren marschierte die römische Rheinarmee weiterhin jedes Jahr in die eroberten Gebiete ein, um die römische Herrschaft zu festigen und gegen Rebellionen durchzusetzen. Nach der Zeitenwende begann eine neue Phase der römischen Politik. Nun versuchte man die römische Herrschaft in Germanien zu institutionalisieren, um aus den eroberten Gebieten so eine „echte" römische Provinz zu machen. Als der Statthalter Publius Quinctilius Varus im Jahre 9 bis an die Weser vorrücken wollte, kam es zum altbekannten Aufstand der Cherusker. Deren Führer Arminius lockte die Römer durch Meldungen von Unruhen in einen Hinterhalt. In der folgenden „Varusschlacht" vernichteten die Germanen durch eine überraschende Taktik die 17., 18. und 19. Legion sowie sechs Kohorten und zahlreiche Hilfstruppen der römischen Besatzungsmacht. Das war eine der schwersten Niederlagen, die die Römer in ihrer langen Geschichte jemals einstecken mussten. In den Jahren 13 bis

16 konnten sie unter Germanicus in erfolgreichen Feldzügen gegen Arminius zwar mit der Rückgewinnung von zwei der drei verloren gegangenen Legionsadler das Ansehen der römischen Armee wiederherstellen, der Traum von der rechtrheinischen römischen Provinz Germania war aber für immer geplatzt. In der Folge mussten sich die Römer nun mit einer indirekten Herrschaft über die rechtsrheinischen Germanen in Klientelverhältnissen und in Form einer kulturellen Durchdringung begnügen.

So weit die Tatsachen. Tacitus' Wort vom „Befreier Germaniens" ist also von den historischen Tatsachen weitgehend gedeckt. Aber bis zum „Stammvater der Deutschen" ist es von da aus noch ein weiter Weg, auf dem sich zunächst die Frage stellt: Wer war denn dieser Arminius überhaupt? Das ist gar nicht so leicht zu beantworten, denn es gibt über Arminius nur wenige zeitgenössische Quellen. Das fängt schon damit an, dass sein germanischer Name nicht bekannt ist. Der an Arminius angelehnte Hermann der Cherusker ist nämlich nur eine Sagengestalt.

Wahrscheinlich stammte Arminius aus einer der führenden cheruskischen Familien. Es ist anzunehmen, dass bereits sein Vater Sigimer Anführer der Cherusker war. Zu jener Zeit in den letzten beiden Jahrzehnten vor der Zeitenwende waren die Cherusker den Römern freundlich verbunden. Auch wenn unklar ist, welche Funktionen er dabei genau ausübte, so ist doch ziemlich sicher, dass Arminius – wie auch sein Bruder Flavus – um die Zeitenwende herum mehrere Jahre in der römischen Armee diente, dabei das römische Bürgerrecht erlangte und die lateinische Sprache erlernte. Als Arminius kurz vor dem Aufstand zu den Cheruskern zurückkehrte, war deren Führung zerstritten. Arminius konnte sich wohl durchsetzen, machte sich aber viele Feinde, darunter Segestes, den Vater seiner Ehefrau Thusnelda. Auch nach dem Sieg über Varus gingen die Streitigkeiten und der Zwist unter den Cheruskern weiter. Das führte so weit, dass Segestes im Jahre 15 seine eigene Tochter Thusnelda schwanger an die Römer auslieferte. Schließlich wurde Arminius im Jahre 21 von seinen eigenen Verwandten ermordet.

Viele Jahrhunderte lang wuchs Gras über die Sache, bis man im 16. Jahrhundert begann, sich die antiken Germanen wieder ins Gedächtnis zu rufen. Grund war wahrscheinlich die Wiederentdeckung der lange verschollenen „Germania" des Tacitus am Ende des 15. Jahrhunderts. Was nun geschah, hätte sich der Cheruskerfürst wohl nie erträumt. Sofort wurde er im ja immer noch in viele Einzelstaaten zersplitterten Deutschland zu einer nationalen Identifikationsfigur. Im 17. und 18. Jahrhundert allerdings interessierten sich die Leute mehr für die unglückliche Liebe zwischen Arminius und Thusnelda, die sich nach dem Verrat des Segestes nie mehr wiedersehen sollten. Und auch seinen eigenen, in Rom geborenen Sohn hat Arminius nie gesehen. Das ist Stoff für Tragödien. So entstanden unzählige Arminius-Romane und Arminius-Opern, bei denen das politisch-militärische Wirken des Cheruskers und die Varusschlacht im Grunde genommen nebensächlich waren. Doch dann kam das 19. Jahrhundert und mit ihm Napoleon Bonaparte. Das im Befreiungskampf gegen den Franzosen wachsende deutsche Nationalgefühl brauchte dringend Identifikationsfiguren, und da kam der „Befreier Germaniens" wie gerufen. Schon bald war Arminius der Preuße, der die französischen Besatzer aus dem Land wirft. Schnell wurde er zum Symbol vaterländischer Tugenden und edler Heldengesinnung. Die Vereinnahmung ging so weit, dass man in der ersten Hälfte des 19. Jahrhunderts allen Ernstes wissenschaftlich zu beweisen versuchte, dass es sich bei Arminius und dem Drachentöter Siegfried aus der deutschen Nibelungensage um ein und dieselbe Person gehandelt haben soll – ein wahrhaft tollkühnes Unterfangen! Da war aus Arminius allerdings schon längst Hermann der Cherusker geworden, dem man ab 1838 in Detmold ein eindeutig antifranzösisch inspiriertes Monumentaldenkmal erbaute – weist das sieben Meter lange Schwert doch ziemlich genau gen Paris. In den Jahren der Restauration ab 1849 wurde es kurzzeitig etwas ruhiger um Arminius, aber in der nationalen Euphorie der deutschen Einigung wurde der Cherusker wieder zum Nationalhelden Nummer eins hochstilisiert. Nationalkonservative Kreise machten ihn zum „Stammvater der Deutschen" und zum Zeugen der gelungenen staatlichen Einigung Deutschlands nach den militärischen Siegen

Ebenfalls aus dem Jahre 1813 stammt diese Radierung von Karl Russ mit dem Titel „Hermann befreit Germania".

über den „Erzfeind" Frankreich. Nach dem Ersten Weltkrieg wurde Arminius zunehmend tragisch interpretiert. So dienen sein persönliches Schicksal und insbesondere die Ermordung durch die eigene Familie als Motiv bei der Erfindung der „Dolchstoßlüge" der Nationalsozialisten. Nicht mehr der siegende, strahlende Held stand nun im Vordergrund des Mythos, sondern der durch Verrat und Niedertracht um die Früchte seines Sieges gebrachte tragische Held. Ausgiebig griffen die Nationalsozialisten bis 1933 auf den Hermannsmythos zurück, um sich dann, nach der „Machtergreifung", umso mehr von ihm wieder zu distanzieren, da er mit dem zentralen Führerkult kollidierte. Neben Hitler sollte es eben keine weitere überragende Figur der deutschen Geschichte mehr geben. Das ging so weit, dass man beim Staatsbesuch des italienischen Führers Mussolini das Hermanndenkmal eigens wieder aus dem Besuchsprogramm strich, um den „Duce", der sich in der Tradition des Imperium Romanum sah, nicht zu verärgern.

Heute werden Arminius und das Hermannsdenkmal von der breiten Masse der Bevölkerung nicht mehr als nationale Symbolfigur angesehen. Lediglich Rechtsextremisten betrachten Arminius heute noch als „Vater der Deutschen", was genauso falsch wie unsinnig ist. Arminius war für kurze Zeit durch glückliche äußere Umstände der Anführer eines in sich zutiefst zerstrittenen germanischen Stammes in einer in sich ebenso zutiefst zerstrittenen germanischen Stammeswelt. Dabei von einer „germanischen Nation" zu sprechen, ist schon eine dreiste Lüge. Es sollte noch über 900 Jahre dauern, bis man beim Heiligen Römischen Reich des mittelalterlichen Kaisers Heinrichs I. im 10. Jahrhundert sehr vorsichtig überhaupt von so etwas wie „Deutschland" sprechen kann Doch der „Mythos Hermann" lebt weiter und zeigt, wie eng Mythos und Lüge miteinander verknüpft sein können.

„NERO HAT ROM IN BRAND GESETZT"

Kaiser Nero und der Brand Roms im Jahre 64

„**D**er römische Kaiser Nero hat Rom in Brand setzen lassen, um Platz für eine Neuge-staltung der Stadt zu schaffen. Während des Brandes hat er den Brand Trojas besungen. Dann hat er den Christen die Schuld an der Brandstiftung gegeben und sie äußerst brutal verfolgen lassen." Diese Fassung der Ereignisse des Jahres 64 in Rom entstand schon direkt nach dem großen Brand und hat sich – bestätigt durch den Kinofilm „Quo vadis?" aus dem Jahre 1951, der genau diese Version darstellt – fast 2000 Jahren lang bis heute gehalten. Mehr noch: Sie ist beinahe zum kollektiven Bewusstsein geworden und so sehr verinnerlicht worden, dass jeder, der sie anzweifelt, zunächst einmal verständnislos angeschaut wird. Sie passt ja auch nur zu gut zu Nero, dem widerlichen Tyrannen, der sogar seine eigene Mutter umbringen ließ, um sich ungestört seinen Hobbys hingeben zu können. Doch selbst bei einem absoluten Fiesling und menschlichen Ungeheuer wie Nero muss noch längst nicht jede Unterstellung wahr sein, auch wenn Nero selbst zuge-benermaßen alles dafür getan hat, dass man ihm auch jede noch so abscheuliche Tat bedenkenlos zutraut. Der katastrophale Ruf Neros zeigte sich selbst noch in der Endphase des Zweiten Weltkrieges, fast 1900 Jahre nach dem Tod des Kaisers, als der Befehl Hitlers zur Zerstörung der gesamten deutschen Infrastruktur in Anspielung auf den Brand Roms vom Volksmund kurzerhand zum „Nerobefehl" wurde.

Um das zu verstehen, muss man einen kurzen Blick auf die Biografie des verhassten Kaisers werfen. Im Jahre 37 geboren, besuchte er in seiner Jugend die besten Schulen, lernte Literatur, Sprachen und Mathematik und wurde von dem berühmten Philosophen Seneca unterrichtet und erzogen. Im Jahre 49 heiratete seine Mutter Agrippina, die als Gründerin der Stadt Köln geltende Tochter des Feldherrn Germanicus und Schwester des acht Jahre zuvor verstorbenen Kaisers Caligula, den aktuellen Kaiser Claudius. Ein Jahr später adoptierte Claudius Nero, sodass er nun einen Anspruch auf die Thronfolge besaß. Claudius hatte aber mit Britannicus noch einen leiblichen Sohn, der ebenfalls Anspruch auf den Kaisertitel erheben konnte. Um die Sache zu beschleunigen, vergiftete Agrippina Claudius im Jahre 54. Nero wurde sein Nachfolger, und um Klarheit zu schaffen, vergif-tete er seinen Halbbruder im Folgejahr ebenfalls. Mord als Programm – man war also

Dieser Kopf des Kaisers Nero stammt von einer überlebensgroßen, rund 2,10 Meter großen Statue und befindet sich heute in der Glyptothek von München.

nicht zimperlich, und genau das sollte Agrippina bald am eigenen Leibe zu spüren bekommen. Zunächst hatte sie noch großen Einfluss auf die anfänglich positiv bewertete Regierung ihres Sohnes, doch sie verlor diesen zunehmend. Im Jahre 59 ließ ihr Sohn sie dann schließlich kaltblütig ermorden – angeblich, weil sie seinem immer stärker werdenden Hang zum Künstlertum im Wege gestanden haben soll. Und in der Tat wurde Nero immer mehr zum Sänger, Schauspieler und Rennfahrer. So schrieb er im Jahre 65 Sportgeschichte, indem er als Wagenlenker an den Olympischen Spielen teilnahm – als einziger römischer Kaiser der Geschichte. Seine künstlerischen und sportlichen Auftritte kamen beim Volk gar nicht schlecht an, beim Adel und im Senat brachten sie ihm dagegen Spott und Ablehnung. Man empfand das Verhalten Neros als würdelos – auf ein solch volkstümliches Niveau begibt sich ein römischer Kaiser einfach nicht! Dann kam das Jahr 64 ...

Der 18. Juni des Jahres 64 war in Rom ein heißer Tag, und auch der starke Wind brachte keine Linderung. Irgendwann in der Nacht zum 19. Juni muss es dann passiert sein – wie auch immer. Jedenfalls entstand an den Buden am Circus Maximus ein Feuer, das sich, angefacht vom heißen Wind und genährt von brennbarer Ware und hölzernen Häusern, rasend schnell ausbreitete. Es wütete sieben Tage lang und vernichtete von den 14 römischen Stadtbezirken drei völlig und verschonte nur vier Bezirke. Dabei gingen unermessliche und unersetzliche Schätze verloren, von uralten Bauwerken über unzählige Kunstwerke bis hin zu Zehntausenden von Büchern, die in den Bibliotheken zum Raub der Flammen wurden. Der Lunatempel des Servius Tullius, der Herkulestempel des Euandros oder der Jupiter-Stator-Tempel des Romulus – sie alle gab es nicht mehr. Tausende von

Menschen waren verbrannt, erstickt oder von herabstürzenden Trümmern erschlagen worden. Hunderttausende hatten ihre Wohnungen, ihre Arbeitsstätten, ihre Ersparnisse und ihren Besitz verloren.

Nero selbst war zum Zeitpunkt des Ausbruchs des Brandes selbst gar nicht in Rom, sondern befand sich 50 Kilometer südlich in Antium am Meer. Als er von der Katastrophe erfuhr, eilte er sofort in die Hauptstadt und half bei den Löscharbeiten. Die waren allerdings angesichts der engen Gassen, der Menge darin umherirrender Menschen, des starken Windes und der starken Hitzeentwicklung weitgehend wirkungslos. Erst am 24. Juli konnte der Brand mithilfe einer Brandschneise gestoppt werden. Interessanterweise brach nun, da das große Feuer gelöscht war, an ganz anderer Stelle erneut ein Feuer aus, und zwar in den Besitzungen des Tigellinus, des größten Günstlings Neros. Als Sofortmaßnahme nach dem großen Brand ließ Nero die Paläste und Gärten einiger seiner kaiserlichen Vorhänger für die Massen öffnen, Baracken zimmern, Lebensmittel aus dem römischen Hafen Ostia heranschaffen und den Getreidepreis drastisch senken. Unverzüglich begann man mit den Aufräumarbeiten und mit den Planungen für den Wiederaufbau Roms. Dabei spielte nun unter

dem Eindruck der jüngsten Ereignisse erstmals der Brandschutz eine wichtige Rolle. So mussten nun mindestens bestimmte Teile der Häuser aus Stein gebaut werden, zudem sollten die Straßen breiter und die Gebäude niedriger werden.

Auch wenn dies durchaus populäre Maßnahmen waren, verbreiteten sich schon in den ersten Tagen nach dem Brand Gerüchte, Nero selbst habe Rom anzünden lassen, um die Stadt nach seinen eigenen Plänen neu errichten und nach seinem Namen benennen zu lassen. Bezeichnenderweise wurden diese Gerüchte vor allem von der römischen Oberschicht gestreut, die Nero mit seinem künstlerischen und sportlichen Lebensstil in den letzten Jahren zunehmend brüskiert hatte – allen voran von Seneca, Neros ehemaligem Lehrer und Mentor. Dieser streute bereits im August 64, Nero habe während des Feuers

Das Gemälde „Neros Fackeln" von Henryk Siemiradski aus dem Jahre 1876 thematisiert die Verbrennung von Christen nach dem Brand Roms.

in seinem Hause auf einer Bühne den Untergang Trojas besungen und die gegenwärtige Vernichtung Roms damit in einen größeren historischen Kontext gestellt. Diese Schilderung war auch Vorbild zu der entsprechenden unvergesslichen Szene in dem Monumentalfilm „Quo vadis?" mit dem großen Sir Peter Ustinov als Nero. Aber nicht nur Seneca war überzeugt, dass Nero der Brandstifter war, sondern auch andere prominente Römer wie der Geschichtsschreiber Tacitus, der Gelehrte Plinius der Ältere oder der Schriftsteller Sueton. Als besonders ungünstig und belastend erwies sich dabei das Wiederaufflackern des eigentlich schon gelöschten Brandes auf den Besitzungen des Tigellinus, die ganz klar den Eindruck erweckten, dass hier dem Feuer etwas nachgeholfen werden sollte. Auch das Einreißen von Häusern zur Schaffung von Brandschneisen wurde umgedeutet in eine Zerstörung der Stadt auf kaiserlichen Befehl.

Diese Sichtweise hat sich in weiten Teilen bis heute gehalten, auch wenn schon damals viele Zeitzeugen nicht davon überzeugt waren. Aber gegen die Macht der Lüge und gegen die ätzende, langsam zersetzende Wirkung des gezielt gestreuten Gerüchts konnten sie sich nicht durchsetzen. Dazu kam eben, dass die Persönlichkeit Neros durchaus zu einer solchen Tat fähig schien. Und doch gibt es einige wichtige Punkte, die den Tyrannen in Bezug auf die Brandstiftung entlasten. So war der große Brand von 64 ja beileibe nicht der erste katastrophale Brand in der Geschichte Roms, und kleinere Brände waren praktisch an der Tagesordnung. 390 vor Christus brannte die Stadt nach der Eroberung durch die Gallier fast vollständig nieder, und auch 213 vor Christus, 23 vor Christus und 6 vor Christus ereigneten sich schwere Stadtbrände. Letzterer brachte Kaiser Augustus zu der Klage, dass es in Rom einfach zu oft brenne. Daraufhin richtete er eine schlagkräftige Feuerwehr ein. Nach der Zeitenwende kam es in den Jahren 27 und 36 zu schweren Feuersbrünsten, und auch im Jahre 54, also nur zehn Jahre vor dem großen Brand, stand die Stadt zwei Tage lang in Flammen. Der Verlauf des Brandes spricht ebenfalls gegen die Urheberschaft Neros, denn das Feuer brach nicht in den Elendsvierteln aus, die das Objekt einer möglichen Neugestaltung der Stadt sein würden, sondern am Hügel Caelius, einer besseren Wohngegend mit zahlreichen Heiligtümern. Zudem wurde bei dem Brand auch der kaiserliche Palast zerstört, der erst kurz zuvor nach den Plänen des Kaisers umgebaut worden war und der Neros geliebte Sammlung griechischer Kunstschätze enthielt. So scheinen die Gerüchte und Lügen, die Nero als Brandstifter Roms diffamierten, eher politisch motiviert gewesen zu sein. Oder haben seine politischen Gegner den Brand gelegt, um etwas gegen den verhassten Tyrannen in der Hand zu haben? Das lässt sich wohl nicht mehr klären, Tatsache ist hingegen, dass es kurz nach dem großen Brand zur ersten Christenverfolgung im Römischen Reich kam, der in Rom Hunderte von Christen zum Opfer fielen. Nero gab den Christen die Schuld am Brand und bestrafte sie als Brandstifter. Hier zeigte sich der Despot wieder einmal von seiner brutalsten Seite – die Arten der Folterungen und Hinrichtungen übersteigen jegliche Fantasie. Viele Todesarten dachte sich Nero jetzt eigens für die Christen aus. Doch konnte ihn dies auch nicht mehr retten, denn Neros Tage waren nach dem großen Brand gezählt. Es kam zu mehreren Verschwörungen und schließlich im Jahre 68 zur Absetzung und zum Selbstmord des Kaisers. Nach seinem Tode wurden überall seine Statuen entfernt und seine Dekrete widerrufen – bis auf das Verbot des Christentums. Dem römischen Adel hingegen war es durch Lügen und Gerüchte gelungen, seinen verhassten Kaiser letztlich zu stürzen.

„DAS RÖMISCHE REICH IST 476 UNTERGEGANGEN"

Warum es das Römische Reich noch 1000 Jahre länger gab

Immer wieder hört, sieht oder liest man vom dramatischen Untergang des Imperium Romanum, des Römischen Reiches, in den Wirren der Völkerwanderung. Heute ist das nur noch eine historische Unwahrheit oder Ungenauigkeit, aber es gab auch Zeiten, in denen diese Behauptung eine knallharte Lüge war, die mit Kalkül in die Welt gesetzt wurde. Es ist nämlich damals, vor mehr als 1500 Jahren, nur ein Teil des Römischen Reiches untergegangen, nämlich der Westteil oder das Weströmische Reich. Der Ostteil hingegen, das Oströmische und später Byzantinische Reich, hat noch fast 1000 Jahre lang fortbestanden. Somit gab es während des gesamten Mittelalters einen antiken Staat in Europa. Gefallen ist er schließlich unter den dauernden Angriffen des Osmanischen Reiches. Daran waren vor allem auch die christlichen Kreuzfahrerheere mitschuldig, denn sie haben das Byzantinische Reich schon im 13. Jahrhundert mehrmals angegriffen, zerstückelt und damit schwer geschwächt.

Aber der Reihe nach: Die letzte Phase des alten römischen Kaiserreiches begann mit dem Regierungsantritt Diokletians im Jahre 284. Nach der Reichskrise unter den Soldatenkaisern setzte endlich die sehnlichst erhoffte Stabilisierung ein. Durch die Reformen unter den Kaisern Diokletian und später Konstantin dem Großen veränderte sich der römische Staat tiefgreifend. Seit Konstantin machte außerdem die Christianisierung erhebliche Fortschritte, und die Interessen von Staat und Kirche verflochten sich zunehmend. Die wichtigsten Befugnisse des Kaisers blieben der militärische Oberbefehl, die Außenpolitik, die Ernennung der Beamten, die Rechtsprechung und die Gesetzgebung. Aber das Riesenreich war nicht mehr von einem einzigen Kaiser zu regieren, zu groß waren die Entfernungen und Herausforderungen, vor denen das Reich stand. Angesichts der zahlreichen Kriegsschauplätze an den Grenzen setzte sich deshalb das Mehrkaisertum durch. Jeder Kaiser regierte einen Teil des Reiches, während die Reichseinheit staatsrechtlich bestehen blieb. Rom behielt zwar einen Ehrenvorrang, war aber schon längst nicht mehr Hauptstadt und auch nicht Sitz der Regierung, sondern Mailand. Die Kaiser verlagerten ihre Residenzen in die Grenznähe. Diokletian residierte in Nikomedia, Konstantin in Byzanz. An der Perserfront wurde Antiochia, an der Donaufront Sirmium, an der Rheinfront Trier, in Britannien

Bis 1453 bestand das Römische Reich. Die Abbildung zeigt eine Darstellung der Belagerung von Konstantinopel durch die Türken von 1455 unter Mehmet II. im Jahre 1453.

York Hauptstadt. In Italien wurde Mailand 402 durch Ravenna abgelöst. Der Druck auf die Grenzen zwang zu dauernder Vergrößerung des Heeres. Die Sollzahl betrug um das Jahr 400 herum etwa eine halbe Million Soldaten, wodurch die Wirtschaft stark belastet wurde. So kam es, dass im Westen seit 395 faktisch die Heermeister regierten, während das politische System im Osten weitgehend stabil blieb. Doch dann kam die Völkerwanderung ...

Gegen Ende des 3. Jahrhunderts waren zwischen Donau und Dnjestr die Gebiete der West- und der Ostgoten entstanden. Nach dem Einfall der Hunnen und der Vernichtung der beiden Gotenreiche flüchteten die Goten auf römisches Territorium. Zunächst versuchten die Römer unter Kaiser Valens, die Goten militärisch aus dem Reichsgebiet zu vertreiben. Das Unternehmen scheiterte allerdings gründlich mit einer militärischen Niederlage und dem Tod des Kaisers im Jahre 378. Sein Nachfolger Theodosius I. machte die Goten zu Verbündeten und gab ihnen Siedlungsland auf römischem Reichsgebiet, um sie in die Grenzverteidigung zu integrieren. Das hatte weitreichende Konsequenzen, denn mit der Ansiedlung einer autonomen Völkerschaft auf römischem Gebiet wurde die formalrechtliche Voraussetzung für die noch folgenden barbarischen Reichsgründungen in Italien geschaffen. Das hatte Signalwirkung, denn bald suchten sich auch andere Völker ihren Platz auf dem Gebiet des Römischen Reiches. Neben den Goten gaben auch Vandalen, Langobarden und Burgunder dem Druck der Hunnen und Alanen nach und zogen nach Westen. Mehrmals wurde dabei sogar Rom selbst eingenommen und geplündert. Die Römer hingegen setzten einzelne Völkerschaften als Hilfstruppen für ihre Legionen ein. So wurde etwa im Jahre 436 mithilfe hunnischer Hilfstruppen im Auftrag des weströmischen Heermeisters Aetius das mittelrheinische Reich der Burgunder vernichtet. Später schlug ein gemeinsames Aufgebot römischer und barbarischer Truppen das hunnische Heer im Jahre 451 auf den Katalaunischen Feldern. Im Weströmischen Reich verschob sich die Macht immer mehr zugunsten der

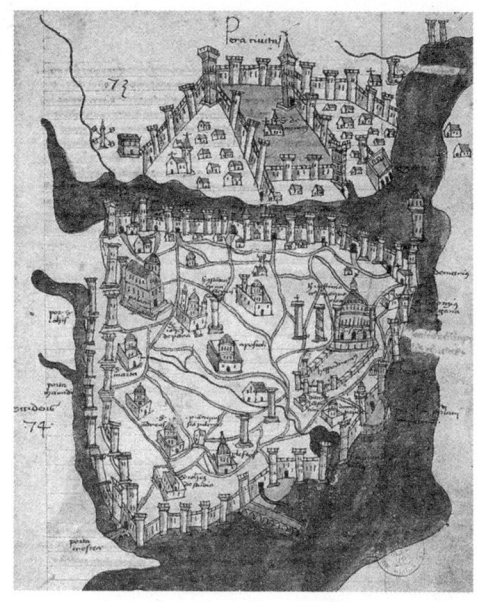

Karte Konstantinopels aus dem Jahre 1422.

germanischen Heerkönige, bis mit Romulus Augustulus im Jahre 476 der letzte weströmische Kaiser durch den römisch-germanischen Heermeister Odoaker abgesetzt wurde.

Im Gegensatz zum weströmischen Kaisertum überstand das Oströmische Reich die Verwerfungen der Völkerwanderungszeit weitgehend unbeschadet. In kultureller Hinsicht strahlte der Untergang des Weströmischen Reiches in den Ostteil aus. So verlor die lateinische Sprache im Oströmischen Reich gegenüber dem ohnehin vorherrschend gesprochenen Griechischen stark an Bedeutung. Unter Kaiser Justinian I. wurde Griechisch dann auch zur offiziellen Amtssprache. Kaiser Justinian ließ die Hagia Sophia in Konstantinopel bauen und vereinheitlichte das Recht im Ostreich. Sein größter Plan war es aber, das römische Gesamtreich in seinen alten Grenzen wiederherzustellen. Er schickte seinen Feldherrn Belisar los, der neben Italien und Spanien auch das Vandalenreich in Nordafrika sowie Sardinien, Korsika und die Balearen eroberte und wieder in den oströmischen Herrschaftsbereich eingliederte. Seine Erfolge waren jedoch nicht nachhaltig und überdauerten seinen Tod kaum. In den folgenden Jahrhunderten waren die Oströmer dann an ihren eigenen Grenzen vielbeschäftigt, denn die Sassaniden drangen über die Ostgrenze nach Syrien, Palästina und Ägypten vor, die Awaren und Slawen erreichten den Balkan. Auch mit den Persern mussten die Oströmer zäh um den Grenzverlauf ringen, und schließlich entstanden ihnen in den muslimischen Arabern, mit den Seldschuken und später in den türkischen Osmanen neue Gegner, die den Fortbestand des nun als Byzantinisches Reich bekannten Staates bedrohten.

In der zweiten Hälfte des 11. Jahrhunderts geriet das Oströmische Reich durch das Vordringen der Seldschuken in Kleinasien zunehmend unter Druck. In dieser Situation bemühte sich Kaiser Alexios Komnenos um Hilfe aus dem Westen. Papst Urban II. nahm die Bitte auf und rief 1095 zum Kreuzzug auf. Doch Alexios Komnenos hatte damit die Büchse der Pandora geöffnet und einen Prozess in Gang gebracht, der letztlich entscheidend zum Untergang des Byzantinischen Reiches beitragen sollte. Zwar halfen die Kreuzfahrer den Byzantinern dieses Mal, doch nur 100 Jahre später war das Byzantinische Reich in inneren Wirren versunken. Kaiser Isaak II. Angelos war 1195 von seinem eigenen Bruder Alexios III. gestürzt worden. Isaaks Sohn Alexios Angelos reiste daraufhin nach Rom, wo er Papst Innozenz III. vergeblich um Hilfe gegen den Usurpator bat. Die bekam er schließlich von den Kreuzfahrern des Vierten Kreuzzugs. Im Juni 1203 standen die Kreuzfahrer vor Konstantinopel und verhalfen Isaak II. wieder auf den Thron, sein Sohn wurde als Alexios IV. Mitkaiser. Allerdings hatten die beiden nun ein Riesenproblem: Sie konnten die großen Versprechungen, die sie den Kreuzfahrern gemacht hatten, gar nicht einhalten. Diese wollten aber nicht ohne ihre Belohnungen abziehen und holten sie sich am Ende mit Gewalt. Am 13. April 1204 floh der Kaiser, und Konstantinopel wurde ausgeraubt und geplündert. Dabei rafften die Kreuzfahrer unvorstellbare Werte zusammen, die übrigens heute noch schamlos ausgestellt werden, wie etwa das berühmte Viergespann aus vergoldeter Bronze über dem Hauptportal des Markusdoms in Venedig. Das byzantinische Staatsgebiet wurde aufgeteilt, hier richtete man die sogenannten Lateinischen Herrschaften ein, darunter das Lateinische Kaiserreich. 1261 gelang den Byzantinern noch einmal die Rückeroberung eines kleinen Teils des ehemaligen Reiches, doch das „Bollwerk Byzanz" war für immer verloren. Nach weiteren zwei Jahrhunderten des Siechtums brach es 1453 unter dem Ansturm der Türken zusammen, der letztlich dann erst vor den Mauern Wiens endgültig gestoppt werden konnte.

Hier stellt sich die Frage: Wie ist die Lüge vom Zusammenbruch des römischen Gesamtreiches entstanden und wer hat sie in die Welt gesetzt? Leider lässt sich das heute nicht mehr einwandfrei klären, aber es könnte sein, dass diese Lüge am Ende des 8. Jahrhunderts zum ersten Mal aufgetaucht ist. Möglicherweise gehörte sie in das Vorfeld der „Renovatio Imperii" durch den Frankenkönig Karl den Großen, der sich im Jahre 800 zum römischen Kaiser krönen ließ und das Heilige Römische Reich wiederbelebte. Dieser spektakuläre Coup musste natürlich generalstabsmäßig vorbereitet werden. Vor allem das Zwei-Kaiser-Problem sollte auf jeden Fall umgangen werden. Günstigerweise bot das Jahr 800 dafür optimale Voraussetzungen, da der byzantinische Thron nach der Lesart des Papstes zu jener Zeit gerade vakant war. Zum ersten Mal in der Geschichte des Byzantinischen Reiches regierte mit der Kaiserin Irene nämlich eine Frau alleine. Irene wurde aber von Rom nicht anerkannt. So gab es auch nach Karls Krönung aus der Sicht der Römer nur einen einzigen Kaiser in Europa. Zudem sicherte man sich durch die Lüge vom Untergang des Gesamtreiches zusätzlich ab. Wie bereits gesehen, blieb auch in der Zeit des römischen Mehrkaisertums im 4. Jahrhundert die Reichseinheit staatsrechtlich bestehen. Indem man nun behauptete, das Römische Reich sei 476 als Ganzes untergegangen, verweigerte man dem Byzantinischen Reich die Anerkennung als Rechtsnachfolger des Römischen Reiches. So konnten die Byzantiner nach der Reichserneuerung durch Karl den Großen keine Ansprüche stellen, wie etwa eine erneute Verbindung der beiden Reiche oder sogar eine Unterwerfung Karls unter den byzantinischen Kaiser. Nach seiner Krönung strebte Karl der Große sogar eine Hochzeit mit Kaiserin Irene an, um seine Herrschaft auch noch auf das Byzantinische Reich auszudehnen und so das Imperium Romanum nach seinen Plänen wiederauferstehen zu lassen. Dazu kam es jedoch nicht, aber das ist eine andere Geschichte ...

Der oströmische Kaiser Justinian I. (482–565) versuchte von 534 an bis zu seinem Tode, das Römische Reich in seiner Gesamtheit wiederherzustellen. Ausschnitt eines Mosaiks aus dem Altarraum der Kirche San Vitale in Ravenna.

„DER RÖMISCHE BISCHOF ERHÄLT DEN VORRANG ÜBER ALLE ANDEREN KIRCHEN ..."

Die „Konstantinische Schenkung" – eine Lebenslüge

In seiner Frühzeit war das Christentum eine bedrohte Religion. Die zahlreichen staatlich angeordneten Christenverfolgungen im Römischen Reich bezeugen das. Aber gerade der Begriff „Christenverfolgung" suggeriert, dass es sich bei diesen frühen Christen um eine homogene Gruppe gehandelt hat. Doch genau das Gegenteil ist der Fall. Das Christentum war zersplittert in zahlreiche, teils doch sehr voneinander verschiedene Glaubensrichtungen. Nach der Anerkennung des Christentums durch Kaiser Konstantin I. brachen die Streitigkeiten zwischen den verschiedenen christlichen Glaubensrichtungen bald voll aus. In der Hauptsache entzündete sich der Streit an der Göttlichkeit der Person Jesu Christi. Vor allem im Ostteil des Römischen Reiches gab es viele Christen, die nur Gott allein als Gott anerkannten, nicht aber dessen Sohn. Für sie war Jesus ein Mensch, der zwar durch den Heiligen Geist inspiriert wurde und dadurch auch eine gewisse Göttlichkeit bekam, letztlich aber Mensch blieb, wie durch seinen Tod am Kreuz schließlich auch bewiesen wurde. Diese Strömung wurde nach Arius, ihrem Hauptvertreter, als Arianer be-

Dieser Ausschnitt des Mosaiks am südwestlichen Eingang zur Hagia Sophia zeigt Kaiser Konstantin den Großen, der der Jungfrau Maria ein Modell von Konstantinopel zeigt.

zeichnet. Als der Streit zwischen Arius und dem Bischof Alexander von Alexandria, der die Richtung der Dreifaltigkeit vertrat, eskalierte, schaltete sich der Kaiser persönlich ein und berief im Jahre 325 das erste Konzil von Nicäa ein. Darin wurde die Lehre von der Dreifaltigkeit und damit der Wesensgleichheit von Gott und Jesus verbindlich vorgeschrieben. Doch in der Folgezeit gewann der Arianismus an Boden und gewann schließlich sogar die Oberhand, bis er 381 im Konzil von Konstantinopel endgültig gesetzlich verboten wurde.

Damit wäre die Sache für den Bischof von Rom eigentlich vom Tisch gewesen, wäre da nicht die Völkerwanderung gekommen. Franken, Alemannen, Westgoten, Ostgoten, Langobarden und nicht zuletzt die Hunnen – ab dem 5. Jahrhundert fluteten Wellen von „Barbaren" die weströmischen Reichsgrenzen. Alles geriet aus dem Lot, und 476 wurde Romulus „Augustulus" (= Kaiserlein), der letzte weströmische Kaiser, von dem römisch-germanischen Heermeister Odoaker zur Abdankung gezwungen. Die Goten unter Theoderich dem Großen, die der oströmische Kaiser nach Italien schickte, um Odoaker zu besiegen und das Imperium Romanum wiederherzustellen, hatten ganz andere Pläne und bildeten in Italien ein eigenes Königreich. Zu diesem Zeitpunkt waren sie längst christianisiert. Ihr Reich war nur von kurzer Dauer und wurde nach Theoderichs Tod im Jahre 526 von oströmischen Armeen vernichtet. Doch bald kamen die Langobarden und errichteten 574 ihr Königreich in Italien. Auch diese waren Christen, doch genau wie bei den Ostgoten gab es für den Papst ein Problem. Die meisten „Barbaren" waren im 4. Jahrhundert genau zu der Zeit christianisiert worden, als der Arianismus den Ton angab – folglich hingen sie dieser Glaubensrichtung an. Es verging viel Zeit der Unsicherheit, bis die Langobarden den römischen Glauben an die Dreieinigkeit von Vater, Sohn und Heiligem Geist annahmen. Das betraf übrigens auch andere Germanenstämme wie etwa die Franken. So gibt es einige Hinweise darauf, dass König Chlodwig I. vor seiner römisch-katholischen Taufe nicht Heide, sondern Arianer war.

Bis zur Mitte des 8. Jahrhunderts hatte die katholische Kirche so viele Schenkungen erhalten, dass der Bischof von Rom Italiens größter und mächtigster Grundbesitzer war. Auch die Langobarden haben den Papst und die Kirche reichlich mit Ländereien beschenkt. Doch 749 wurde Aistulf neuer Langobardenkönig. Er trachtete nach territorialer Expansion, wobei er auch die kirchlichen Besitzungen im Blick hatte. Der Papst rief die Franken zu Hilfe, die unter König Pippin dem Jüngeren die Langobarden besiegten. In der Pippin'schen Schenkung vermachte der Frankenkönig dem Papst im Jahre 754 große Ländereien für seinen Kirchenstaat. Gleichzeitig wurden die Franken nun zur Schutzmacht der katholischen Kirche. Die Kaiserkrönung Karls des Großen am Weihnachtstag des Jahres 800 durch Papst Leo III. war eine Zäsur in der europäischen Geschichte. Erstmals seit 324 Jahren gab es nun auf dem Gebiet des ehemaligen Weströmischen Reiches wieder einen Staat in römischer Tradition, das Heilige Römische Reich. Zudem gab es mit Karl dem Großen nun wieder einen Kaiser in Europa. Das warf für den Papst drei wichtige

Fragen auf. Die erste betraf das Verhältnis zwischen Papst und Kaiser. Im Moment war sie noch nicht problematisch, sollte aber später als Machtkampf zwischen Kaisertum und Papsttum zu einem der zentralen Konflikte des gesamten Mittelalters werden. Zweitens und damit eng verbunden stellte sich die Frage, welche Position gegenüber dem Kaiser der Papst als weltlicher Herrscher besetzen und wie er seine weltliche Herrschaft über den Kirchenstaat theologisch rechtfertigen konnte. Drittens musste die Stellung der katholischen Kirche gegenüber der orthodoxen Schwesterkirche im ja weiter bestehenden Oströmischen Reich geklärt werden.

Wie durch ein Wunder tauchte just in diesem Moment die Konstantinische Schenkung auf, als wäre sie genau zu diesem Anlass bestellt worden. Angeblich bereits um 317 vom römischen Kaiser Konstantin dem Großen ausgestellt, löste sie alle Probleme der katholischen Kirche auf einen Schlag. Das Dokument bestand aus zwei Teilen, einem Glaubensbekenntnis Konstantins und der eigentlichen Schenkungsurkunde. In seinem Glaubensbekenntnis berichtet Konstantin, wie er durch die Taufe durch Papst Silvester I. von einem Aussatz geheilt worden sei. In Wirklichkeit wurde er aber erst 20 Jahre später auf seinem Sterbebett getauft. Der Unterschied in der Auswirkung dieser Tatsache in der gefälschten Version besteht darin, dass Konstantin dort nach seiner Taufe noch weiterlebt und somit als erster christlicher Kaiser handelt. In der eigentlichen Schenkung verleiht Konstantin dem römischen Bischof aus Dankbarkeit den Vorrang über alle anderen christlichen Kirchen, namentlich über die Patriarchate von Alexandria, Antiochia, Jerusalem und Konstantinopel. Damit war der Papst Oberherr aller Christen auf der Welt. Schließlich wurde ihm auch die weltliche Herrschaft über ganz Italien und den gesamten Westteil des Römischen Reiches überlassen. Um dies zu bekräftigen, bekam Silvester I. angeblich die kaiserlichen Insignien und Vorrechte verliehen. Schließlich soll sich Konstantin Papst Silvester sogar unterworfen haben.

Besser konnte es für Papst Leo III. natürlich gar nicht laufen. Warum die Konstantinische Schenkung erst jetzt, fast 500 Jahre später, auftauchte und nicht schon viel früher bekannt geworden war, schien niemanden zu interessieren. Jetzt konnte der Papst jedenfalls seine weltliche Herrschaft ebenso rechtfertigen wie seine kaisergleiche Stellung. In den folgenden Jahrhunderten nutzten die Päpste die Urkunde, um ihre Vormachtstellung in der Christenheit und ihre territorialen Ansprüche zu begründen. Spätestens im 11. Jahrhundert war die Konstantinische Schenkung ein fester Bestandteil des katholischen Kirchenrechts. Eine besondere Bedeutung erlangte sie im Streit mit der orthodoxen Ostkirche in Konstantinopel. Rom verlangte unter Berufung auf die Konstantinische Schenkung die Oberherrschaft des römischen Bischofs über den Patriarchen von Konstantinopel. Es kam zu einem immer mehr eskalierenden Streit, der im Jahre 1054 mit einer gegenseitigen Verfluchung der beiden Kirchen endete. Dies war das große Schisma, das im Grunde genommen bis heute andauert.

Im Mittelalter wurde die Rechtmäßigkeit der Konstantinischen Schenkung im Großen und Ganzen nicht angezweifelt. Dies verwundert sehr, da die mittelalterlichen Päpste doch beinahe ständig mit den Kaisern des Heiligen Römischen Reiches im Streit um die höchste Autorität lagen und sogar Kriege um diese Frage geführt wurden. Nur hinter vorgehaltener Hand wurde die Schenkung hier und da angezweifelt, wie etwa von Friedrich Barbarossa, der bei seiner Krönung 1152 gesagt haben soll, die Schenkung sei „eine Lüge und eine ketzerische Fabel, worüber in Rom selbst die Krämer und die Marktweiber offen redeten". Erste Zweifel an der Echtheit des Dokuments kamen im 14. Jahrhundert auf, doch erst 1440 konnte die Schenkung anhand ihrer Sprache, die nicht ins 4., wohl aber ins 8. Jahrhundert passte, als Fälschung entlarvt werden. Zudem war von der Stadt Konstantinopel die Rede, die allerdings im 4. Jahrhundert noch Byzanz hieß. Die Kirche selbst äußerte sich erst über 150 Jahre später dazu. Ihre Einlassung erscheint kurios: Im frühen 17. Jahrhundert ließ man verlautbaren, das Dokument der Konstantinischen Schenkung sei zwar eine Fälschung, doch habe es diese Schenkung im Jahre 317 trotzdem wirklich gegeben. Hier wird noch einmal überdeutlich, wie sehr diese Fälschung zu einer zentralen Lebenslüge der katholischen Kirche geworden war. Erst im 19. Jahrhundert räumte der Vatikan die Fälschung vollends ein. Trotzdem dauerte es dann noch bis zum Jahre 2006, bis Papst Benedikt XVI. die römische Papstkrone als Symbol der kaiserlichen, weltlichen Gewalt aus seinem Wappen entfernen ließ.

Darstellung Karls des Großen von Albrecht Dürer aus dem Jahre 1513. Die Kaiserkrönung Karls am Weihnachtstag des Jahres 800 war eine Zäsur in der europäischen Geschichte. Erstmals gab es nun wieder einen Kaiser in Europa.

„DIE KREUZZÜGE DIENTEN DER BEFREIUNG DES HEILIGEN LANDES VON DEN UNGLÄUBIGEN"

Warum die Kreuzzüge vor allem machtpolitischen und wirtschaftlichen Interessen gedient haben

Manchmal wird eine Lüge nicht plötzlich in ihrem ganzen Umfang in die Welt gesetzt, sondern entwickelt sich langsam. Aus Wahrheit wird dann unter dem Eindruck der Realität allmählich eine Lüge. Die Behauptung, die Kreuzzüge in den Orient dienten der Eroberung des Heiligen Landes von den Ungläubigen und des Bekämpfung des Islam, ist ein schönes Beispiel für eine solche Entwicklung einer Lüge. Anfangs tatsächlich noch hauptsächlich religiös motiviert, traten bei den späteren Kreuzzügen nämlich immer mehr machtpolitische und wirtschaftliche Motive in den Vordergrund, bis sich der Vierte Kreuzzug schließlich schon gar nicht mehr gegen den Islam, sondern gegen das christliche Byzantinische Reich richtete.

Aber zuerst zu den historischen Fakten: Als das Byzantinische Reich durch das Vordringen der Seldschuken in Kleinasien in der zweiten Hälfte des 11. Jahrhunderts zunehmend unter Druck geriet, bemühte sich der bedrängte Kaiser Alexius Komnenos um Hilfe aus dem Westen. Er war in einer gefährlichen Situation, denn in der Schlacht von Manzikert war im Jahre 1071 die militärische Verteidigungsfähigkeit im Osten Kleinasiens zusammengebrochen. Die Seldschuken nahmen das Kernland Kleinasiens ein, den Byzantinern blieben nur noch die Küsten und der Westen. Zudem wurden sie auch noch ständig von Normannen angegriffen, die die Eroberung Konstantinopels im Visier hatten. Nun wandte sich Alexios Komnenos an Papst Urban II., der die Bitte aufnahm. Mit den Worten „Deus lo vult!" – „Gott will es!" – rief er im Jahre 1095 auf der Synode von Clermont zum Kreuzzug auf. Die Idee der bewaffneten Pilgerfahrt zur Befreiung der heiligen Stätten von den Moslems löste eine europäische Massenbewegung aus. Dazu muss man sich das Verhältnis zum Islam in jener Zeit vergegenwärtigen. Nach seiner

Entstehung im 7. Jahrhundert war er sehr aggressiv und expansiv aufgetreten. Die Araber hatten ganz Nordafrika erobert und beherrschten weitgehend das Mittelmeer. Die meisten Mittelmeerinseln waren in ihrem Besitz, und sogar Rom hatten sie im Jahre 846 überfallen und geplündert. Dabei zerstörten sie auch den ersten Petersdom. Im Westen waren sie nach Spanien übergesetzt, hatten das Reich der Westgoten zerstört, ganz Spanien und Portugal erobert, die Pyrenäen überschritten und waren erst 732 in der Schlacht von Tours und Poitiers von den Franken unter Karl Martell gestoppt worden. Im Osten hatten sie dem Byzantinischen Reich den gesamten Nahen Osten entrissen und im Jahre 1009 in Jerusalem die Grabeskirche verwüstet. All dies zusammen, also die ständige militärische Bedrohung durch den Islam und die Zerstörung einer der heiligsten christlichen Kultstätten, macht die Euphorie verständlich, die die Kreuzzugsidee zu Beginn erwecken konnte. Dagegen hielt sich die Begeisterung für die Hilfe, die man dem Byzantinischen Reich leisten sollte, eher in Grenzen – schließlich war es ja erst vor gut 40 Jahren zum morgenländischen Schisma, zum endgültigen und im Prinzip bis heute

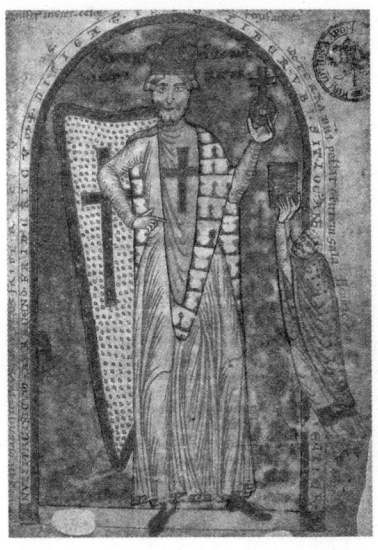

Prominentes Opfer: Der deutsche Kaiser Friedrich I. Barbarossa (1122–1190) kam beim Dritten Kreuzzug ums Leben. Er ertrank in Kleinasien bei der Überquerung des Flusses Saleph.

andauernden Bruch zwischen der katholischen und der orthodoxen Kirche gekommen. Möglicherweise spekulierte der Papst aber auch darauf, durch die Gewinnung einer starken Machtposition im Orient die Oberherrschaft über die orthodoxe Kirche zu erlangen. Die Chancen dafür standen noch nicht einmal so schlecht. Die Bevölkerung in Europa war im 11. Jahrhundert kräftig gewachsen, sodass die demografischen Faktoren für eine europäische Expansion nach Osten günstig waren. Zudem gab es viele junge Adlige, die daheim nicht erbberechtigt waren und jetzt ihre Chance witterten, im Osten eine eigene Herrschaft mit einem eigenen Territorium zu erobern.

Beim ersten Kreuzzug von 1096 bis 1099, an dem der südfranzösische, flandrisch-lothringische und süditalienisch-normannische Adel teilnahm, standen trotz der eben aufgezeigten machtpolitischen doch eindeutig noch die religiösen Motive im Vordergrund.

Der byzantinische Kaiser war nicht unbedingt begeistert, als das Kreuzfahrerheer den Balkan erreichte. Ihm wäre die Entsendung einfacher Söldnertruppen, die unter seinem Befehl gegen die Seldschuken kämpften, viel lieber gewesen. So musste er nun auch noch

Diese Darstellung der Eroberung Konstantinopels durch die Kreuzritter des Vierten Kreuzzugs im Jahre 1204 stammt vermutlich aus dem 15. Jahrhundert.

die nominelle Führung über einen Kreuzzug von Leuten übernehmen, denen er insgeheim zutiefst misstraute. Aber ihm blieb keine Wahl, und außerdem bot sich so ja vielleicht die Möglichkeit der Wiederherstellung der byzantinischen Herrschaft im Nahen Osten. Doch er sollte enttäuscht werden, denn nach dem Fall Jerusalems im Jahre 1099 richteten die Kreuzfahrer im Nahen Osten eigene, von Konstantinopel unabhängige Staaten ein.

Schon mit dem Zweiten Kreuzzug rückten die religiösen Motive zugunsten machtpolitischer Ziele deutlich in den Hintergrund, auch wenn sie noch nicht völlig verschwanden. Der Zweite Kreuzzug 1147 bis 1149 war nötig geworden, um die 1099 gegründeten Kreuzfahrerstaaten zu stützen. Diese standen nämlich unter enormem militärischem Druck der sie umgebenden islamischen Herrschaften. Viele Kreuzfahrer waren bald nach der Gründung der christlichen Staaten im Nahen Osten wieder in die Heimat abgereist, sodass gar nicht mehr genügend Christen dort verblieben, um die Herrschaft aufrechtzuerhalten. Lediglich die Zerstrittenheit der Feinde erlaubte den Kreuzfahrerstaaten das Überleben. Der Kreuzfahrerstaat Antiochia geriet in Konflikt mit dem Byzantinischen Reich und wurde 1138 von diesem erobert. 1144 fiel schließlich die Grafschaft Edessa an die Seldschuken, alle christlichen Bewohner wurden getötet. Dies war das Startsignal für den Zweiten Kreuzzug, der aber letztlich erfolglos endete. Bereits auf dem Landweg in den Nahen Osten wurde das Kreuzfahrerheer von den Seldschuken weitgehend aufgerieben. Der verbliebene Rest entschied sich dann für die Belagerung der Stadt Damaskus, die den Kreuzfahrerstaaten gar nicht feindlich gesinnt war und sogar Tribut zahlte, die aber reich war und strategisch günstig lag. Doch schon nach vier Tagen musste die Belagerung abgebrochen werden. Damit war der Zweite Kreuzzug endgültig gescheitert.

Nach dem Zweiten Kreuzzug hatte der ägyptische Sultan Saladin sein Reich mit Syrien vereinigt und somit das christliche Königreich Jerusalem umzingelt. 1187 eroberten seine Heere Jerusalem und setzten der 88 Jahre währenden christlichen Herrschaft über die Stadt ein Ende. Daraufhin kam es 1189 zum Dritten Kreuzzug mit einem deutschen, einem englischen und einem französischen Heer. Die Deutschen wählten den Landweg und hatten schon bald den Tod ihres Kaisers Friedrich I. Barbarossa zu beklagen, der in Kleinasien in dem Fluss Saleph ertrank. Die Engländer und Franzosen wählten den Seeweg. Nach wechselvollen Kämpfen konnten die Kreuzfahrer den Küstenstreifen des Königreiches Jerusalem stabilisieren, nicht aber die Stadt zurückerobern. Ein Friedensvertrag mit Saladin garantierte den Status quo. Im dritten Kreuzzug spielten die religiösen Motive kaum noch eine Rolle. Vor allem war der Kreuzzug von dem Konflikt zwischen dem französischen König Philipp II. und dem englischen König Richard I. Löwenherz gekennzeichnet, der aus ihren Streitigkeiten um die englischen Besitztümer in Westfrankreich herrührte.

Vollends pervertiert wurde die religiöse Kreuzzugsidee dann im Vierten Kreuzzug, der sich gar nicht mehr gegen den Islam, sondern gegen das Byzantinische Reich richtete. Bald nach dem Dritten Kreuzzug war Sultan Saladin 1193 gestorben, und nun sah man die Möglichkeit, zur Wiedereroberung des Heiligen Landes zunächst die islamische Machtbasis Ägypten zu erobern. So war zumindest der Plan des Papstes, doch zu einem Angriff auf Ägypten sollte es gar nicht erst kommen. Da man plante, die gesamte Reise auf dem Seeweg zurückzulegen, brauchte man eine riesige Flotte. Eine solche konnte zu dem Zeitpunkt nur die Republik Venedig bereitstellen. Dafür verlangten die Venezianer 85.000 Silbermark – damals eine enorme Summe – und die Hälfte der eroberten Gebiete. Zur Bezahlung kamen die Venezianer auf die Idee, die dem ungarischen König unterstehende Stadt Zara – das heutige Zadar, „Perle der Adria" – von den Kreuzrittern plündern zu lassen. So entledigte man sich zudem der lästigen Handelskonkurrenz, die das aufstrebende Zara an der Adria für die Venezianer darstellte. Ende November 1202 fiel die Stadt und wurde von den zu Raubrittern mutierten christlichen Kreuzrittern ausgeplündert. Im Folgejahr gaben sie trotz des ausdrücklichen Verbotes durch den Papst den Kreuzzugsgedanken vollständig auf und mischten sich als Söldnerarmee in den byzantinischen Thronstreit ein. Am Ende eroberten und plünderten sie Konstantinopel im Jahre 1204. Zudem teilten sie das Staatsgebiet auf und richteten die sogenannten Lateinischen Herrschaften ein, darunter das Lateinische Kaiserreich. Damit war die Idee vom religiös geführten Kreuzzug zur Befreiung des Heiligen Landes vom Islam endgültig zur Lüge geworden. Das versetzte dem Kreuzzugsgedanken in Europa einen herben Schlag, sodass die bis in die Mitte des 15. Jahrhunderts noch folgenden Angriffe auf Ägypten, Palästina, Tunesien und das Osmanische Reich nur sehr zäh in Gang kamen, oft nur halbherzig durchgeführt wurden und allesamt mit Niederlagen endeten. Bald wurde der Begriff „Kreuzzug" dann für alle möglichen militärischen Operationen verwendet, wie etwa für die blutige „Schwertmission" des Deutschen Ordens im Baltikum, für Feldzüge gegen innerkirchliche Oppositionelle wie die Katharer in Südfrankreich oder auch für die spanische Reconquista.

„DIE TEMPELRITTER HABEN SICH DER KETZEREI UND DER SODOMIE SCHULDIG GEMACHT"

Wie der französische König den missliebigen Templerorden zerschlagen ließ

Einer der größten Skandale des Mittelalters war die Auflösung und das Verbot des Templerordens im Jahre 1312. An erster Stelle der französische König Philipp IV., der Schöne, aber auch sein Handlanger, der ebenfalls französische Papst Clemens V., haben dabei gelogen, dass sich die Balken bogen. Mit brutaler Gewalt, aus der Luft gegriffenen Anschuldigungen und einem fragwürdigen Prozess vernichteten sie so in kürzester Zeit den ältesten, mächtigsten und vor allem reichsten geistlichen Ritterorden der damaligen Zeit.

Palästina zu Beginn des 12. Jahrhunderts: Der Erste Kreuzzug war gerade vorbei, und der Seeweg nach Jerusalem über das Mittelmeer war für christliche Pilger frei. Allerdings war er sehr gefährlich, denn die vielen, oft wohlhabenden Pilger lockten jede Menge Räuber und Diebe an. Da die allermeisten Kreuzritter schon wieder nach Europa abgezogen waren, bestand kaum Schutz für die Pilger. In dieser Situation gründeten im Jahre 1118 einige französische Ritter – darunter auch Hugo von Payns und Gottfried von Saint-Omer – einen geistlichen Ritterorden. Seine Aufgabe sollte es sein, die Straßen des Heiligen Landes von den Häfen nach Jerusalem für die christlichen Pilger zu sichern. Dazu verpflichteten sie sich – neben den „klassischen" Gelübden von Armut oder Keuschheit – in ihrem Ordensgelübde, das sie vor dem Patriarchen von Jerusalem ablegten.

Der Templerorden war der älteste geistliche Ritterorden und der erste Orden überhaupt, der eine Verbindung zwischen den Idealen des klassischen benediktinischen Mönchtums und denen des adligen Rittertums herstellte. In diesem Sinne war er auch Vorbild für weitere Ritterorden wie etwa den Johanniterorden oder den Deutschen Orden. Zunächst nannte sich der neue Orden „Arme Ritter Christi". Dann gab König Balduin II. von Jeru-

König Balduin II. von Jerusalem übergibt 1119 den Tempel Salomons an die Tempel-
ritter Hugo von Payens und Gottfried von Saint-Omer. Darstellung aus der „Histoire
d'Outre-Mer" von Guillaume de Tyr aus dem 13. Jahrhundert.

salem den Ritterbrüdern im Jahre 1119 bei seinem Umzug in den neugebauten Palast
beim Davidsturm die Gebäude seines ehemaligen Palastes auf dem Tempelberg. Bald
benannten sie ihren Orden in „Arme Ritter Christi und des Tempels von Salomon zu
Jerusalem" um und wurden allgemein als Templerordern, Tempelritter oder auch einfach
als Templer bezeichnet.

In den Folgejahren nahm der Ritterorden seine Aufgaben gemäß seinem Gelübde
wahr und schützte die Pilger auf den Straßen rund um Jerusalem, so gut es eben ging.
Sein Ansehen stieg bald stark an, da zahlreiche prominente Ritter beitraten, wie Gra-
fen Hugo I. von Champagne, ein Freund und Förderer des Bernhard von Clairvaux, des
Gründers des Zisterzienserordens und großen Kreuzzugspredigers. So finanzierte Graf
Hugo maßgeblich Gründung und Bau des Klosters Clairvaux, des ersten Klosters der
Zisterzienser. Umgekehrt machte sich Bernhard von Clairvaux für den neuen Templeror-

den stark, was dazu führte, dass der Orden schon recht bald insbesondere in Frankreich, doch auch in England, Spanien, Portugal und Italien mit großen Schenkungen bedacht und damit schnell reich wurde. Sowohl in Europa als auch im Nahen Osten entstanden bald die ersten der zahlreichen Templerburgen. Papst Innozenz II. bestätigte den Orden am 29. März 1139 und erklärte ihn als exemt. Das bedeutete, dass der Templerorden keinerlei weltlicher oder staatlicher Gewalt unterworfen war, sondern einzig und direkt dem Papst unterstand. Für weltliche Herrscher, auf dessen Territorium die Tempelritter operierten, konnte das zu einem echten Problem werden, denn der Templerorden bildete damit faktisch einen Staat im Staate, der sogar eigene Steuern erheben durfte. Dies galt allerdings genauso für die anderen geistlichen Ritterorden, mit denen die Templer im Heiligen Land bald um Einfluss und Macht konkurrierten – gelegentlich auch mit Gewalt.

Philip IV. ordnet die Verbrennung von Templern an. Gemälde aus der 15. Jahrhundert.

Dann kam der Zweite Kreuzzug. Die Belagerung der zwar freundlich gesinnten, aber reichen und strategisch wichtigen Stadt Damaskus war der erste Kriegseinsatz für die Tempelritter. Und er wurde zur militärischen Katastrophe: Nach nur vier Tagen musste die Belagerung abgebrochen werden. Die meisten der Tempelritter waren im Kampf gefallen. Doch relativ schnell füllten die Templer ihre Reihen wieder auf. Sie hatten ihre Lektion gelernt und entwickelten sich in der Folgezeit zu einer militärischen Elitetruppe. An fast allen wichtigen Feldzügen und Schlachten der kommenden 150 Jahre waren sie entscheidend beteiligt. Aber auch sie konnten nicht verhindern, dass am 18. Mai 1291 mit dem Fall der Stadt Akkon als letzter Hauptstadt des Königreiches Jerusalem das Heilige Land für die Christen endgültig wieder verloren ging. Wie die Ritter des Johanniterordens und des Deutschen Ordens mussten die Tempelritter geschlagen aus Palästina abziehen.

Damit begann eine neue Zeit in der Geschichte der geistlichen Ritterorden, die – im Gegensatz etwa zum Malteserorden oder zum Deutschen Orden – für den Templerorden rasch das Ende einläuten sollte. Die Tempelritter begingen nach dem Abzug aus dem Nahen Osten einen tödlichen Fehler: Anders als die Johanniter oder die Deutschordensritter suchten sie sich kein eigenes Territorium. Die Johanniter errichteten ihre Herrschaft auf der Mittelmeerinsel Malta und änderten ihren Namen in „Malteserorden". Der Deutsche Orden versuchte zunächst in Siebenbürgen Fuß zu fassen, was aber misslang. Schließlich gründete er in Ostpreußen einen eigenen Staat und widmete sich der „Schwertmission" bei den Heiden des Baltikums. Die Tempelritter jedoch gingen nach Frankreich, wo sie dem französischen König sehr schnell ein sehr großer Dorn im Auge waren.

König Philipp IV. der Schöne hatte gleich mehrere Gründe für seine Feindschaft den Templern gegenüber. Zum einen widersprach die Anwesenheit einer exemten, seinem staatlichen und rechtlichen Zugriff völlig entzogenen Körperschaft wie dem Templerorden völlig seinem Selbstverständnis als Souverän des französischen Nationalstaates – zumal es sich bei den Tempelrittern um einen äußerst kampferfahrenen und militärisch schlagkräftigen Orden handelte. Allerdings – und das ist ein weiterer wichtiger Punkt – hatte der Templerorden in den vergangenen beinahe zwei Jahrhunderten auch nicht nur gekämpft, sondern war zu einem der größten europäischen Geldverleiher aufgestiegen und hatte dabei ungeheure Reichtümer angehäuft. Einer seiner größten Schuldner war Philipp der Schöne, der wegen seiner vielen Kriege notorisch klamme König von Frankreich.

Bei einem gewaltsamen Vorgehen gegen den missliebigen Orden riskierte der französische König einen direkten Konflikt mit dem Papst, dem der Orden ja persönlich unterstand. Allerdings hatte Philipp der Schöne in der Vergangenheit bereits mehrfach bewiesen, dass er im Umgang mit Päpsten wenig Rücksicht auf Etikette nahm, um es einmal vorsichtig auszudrücken. Das hatten schon 1303 Papst Bonifatius VIII. und 1304 sein Nachfolger Papst Benedikt XI. zu spüren bekommen, die den Konflikt mit Philipp beide mit ihrem Leben bezahlten. Doch vom gegenwärtigen Papst hatte Philipp nicht allzu viel Gegenwehr zu befürchten, denn es war schon beinahe so etwas wie sein „Privatpapst". Bertrand de Got, Erzbischof von Bordeaux und Freund Philipps des Schönen, wurde im Jahre 1305 zum neuen Papst gewählt. Er nahm den Namen Clemens V. an und verlegte den Sitz des Heiligen Stuhls 1309 nach Avignon.

Das war für Philipp die ideale Ausgangssituation für den Angriff auf den Templerorden. Als er im Jahre 1307 wieder einmal dringend Geld benötigte, entschloss er sich zum Zuschlagen. Er ließ ein ungeheuer dreistes Lügengebäude errichten, das als Anklageschrift daherkam und den Tempelrittern Ketzerei und Sodomie vorwarf, womit bei Letzterem nach dem mittelalterlichen Verständnis Homosexualität gemeint war. Der Papst konnte dem unter dem Druck des Königs nichts entgegensetzen, und so kam es am Freitag, dem

13. Oktober 1307 in ganz Frankreich zu einer beispiellosen Verhaftungswelle, der am Ende weit über 600 Tempelritter zum Opfer fielen. Der Prozess zog sich – zum Leidwesen des Königs, der sich einen schnellen Zugriff auf die Kassen der Templer gewünscht hatte – über Jahre hin. Vor allem der Papst spielte auf Zeit, da eine schnelle Verurteilung des ganzen Ordens auch sehr negativ auf ihn als obersten Aufsichtsherrn zurückgefallen wäre. Obwohl der gesamte Prozess gegen die Templer jeglicher realen Grundlage entbehrte, war der Papst am Ende doch gezwungen, den Orden am 22. März 1312 aufzulösen. Zahlreiche Tempelritter, die ihre unter Folter erzwungenen Geständnisse später widerriefen, wurden in den Folgejahren bei Autodafés verbrannt, darunter auch Jacques de Molay, der letzte Großmeister des Templerordens.

Der Sieger hieß also Philipp der Schöne, doch trotz all seiner Lügen, Drohungen und Ränkespiele konnte er nur einen Teilsieg verbuchen, da Papst Clemens V. ihm in letzter Sekunde doch noch einen gehörigen Wermutstropfen in die Suppe schüttete. Zwar konnte sich Philipp durch die Auflösung des Templerordens eines unabhängigen Staates innerhalb seines eigenen Staates entledigen und seine Machtbasis dadurch sogar noch ausbauen, aber finanziell ging er beinahe leer aus – was ihn mehr als schmerzte. Papst Clemens hatte nämlich durchgesetzt, dass sämtliches Vermögen und der gesamte Besitz der Templer in Frankreich bei der Kirche verblieben, und beides an den Johanniterorden weitergereicht. Allerdings erhielt der König eine üppige Entschädigung für die Prozesskosten. In den anderen Ländern wie in Spanien, Portugal oder England, in denen die Templer ebenfalls aktiv gewesen waren, hatte man sich nicht an der Verfolgung der Ritter beteiligt. Nach dem Verbot des Ordens bildeten sich in diesen Ländern – oftmals aus ehemaligen Tempelrittern – nationale Nachfolgeorden, die den Besitz des untergangenen Templerordens übernahmen. Schnell setzte eine umfangreiche Legendenbildung über die Tempelritter ein, aber das wäre schon wieder ein eigenes Kapitel ...

„DAS MITTELALTER WAR EINE FINSTERE ZEIT"

Warum das Mittelalter gar nicht so finster war

Wenn irgendetwas als besonders rückständig, brutal oder engstirnig charakterisiert werden soll, hört man oft Formulierungen wie: „Das ist ja wie im finstersten Mittelalter." Stimmt das denn wirklich, war das Mittelelter eine derart finstere Epoche, oder ist das eine Lüge, mit der das Zeitalter zwischen der Antike und der Neuzeit bewusst diskreditiert werden soll? Was wird dem Mittelalten nicht alles vorgeworfen: Rückständigkeit, Unfreiheit des Einzelnen, Unrecht, Willkür, starre Gesellschaftsstrukturen, Unterdrückung der Wissenschaft, Barbarei, Pest, Cholera, Kreuzzüge, Hexenverbrennung, religiöse Unterdrückung, Teufel und Fegefeuer, Angst und Schrecken. Aber was ist dran an diesen Vorwürfen? War das Mittelalter denn wirklich so viel schlimmer und finsterer als die anderen großen Epochen, die Antike und die Neuzeit?

Schon der Begriff „Mittelalter" hat etwas Diskreditierendes an sich. Hier ist etwas, das sich hauptsächlich dadurch auszeichnet, dass es zwischen zwei anderen, wertvolleren Dingen steht und dessen einzige Aufgabe darin besteht, die beiden anderen zeitlich zu verbinden. Etwas, dem man einen eigenen, inhaltlich geprägten Namen nicht zugestehen will. Darin steckt die Arroganz der Nachgeborenen, insbesondere des 17. Jahrhunderts, als der Begriff „Mittelalter" geprägt wurde, aber auch der folgenden Jahrhunderte bis heute, die den Begriff kritiklos weiterverwendet haben. Dabei ist er auch eine Respektlosigkeit gegenüber den Menschen, die in den rund 1000 Jahren zwischen 500 und 1500 gelebt haben. Denn so viel ist wohl mal klar: Die Menschen des Mittelalters haben sich selbst ganz bestimmt nicht als solche empfunden, sondern sie fühlten sich genauso fortschrittlich und „am Puls der Zeit", wie es jede Generation von Menschen in der Geschichte getan hat und wie wir es heute genauso tun. Dabei sei angemerkt, dass die Verwendung des Begriffs „Mittelalter" eine streng europazentrische Weltsicht impliziert, denn ein solches Zeitalter hat es in anderen Teilen der Welt nie gegeben. Vorsicht also, wenn jemand zum Beispiel etwas über „China im Mittelalter" erzählt.

„Finster" im Sinne von „Dark Ages" ist am ehesten noch unser Frühmittelalter, aber dies auch nicht in einer moralischen oder technologischen Hinsicht, sondern einzig und allein deshalb, weil wir aufgrund einer sehr schlechten Quellenlage wie auf einem unterbelichteten Bild nicht alles so gut erkennen können. Der Untergang der weströmischen Kultur und die nachfolgenden Wirren der Völkerwanderungszeit lassen vieles aus dieser Zeit heute seltsam verschwommen erscheinen. Die schriftliche Quellenlage ist für diese Epoche sehr schlecht – einfach, weil die Germanen in ihren umherziehenden Stammesverbänden die mündliche Überlieferung bevorzugten und kaum etwas schriftlich für die Nachwelt hinterlassen haben. Ebenso fehlen Gemälde oder Skulpturen, die uns heute zeigen können, wie die Herrscher dieser Zeit ausgesehen haben mögen.

Einer der mächtigsten Kaiser des frühen Mittelalters war Otto I. der Große (912–973) aus dem Geschlecht der Liudolfinger. Illustration einer Handschrift der Weltchronik Ottos von Freising, um 1200.

Selbst noch von Karl dem Großen, dem Neubegründer des Römischen Reiches, gibt es kaum zeitgenössische Darstellungen. Erst der tendenziöse Kitsch der national geprägten Historienmalerei des 19. Jahrhunderts nahm sich dann über 1000 Jahre später dieser Sujets an.

Spätestens mit der karolingischen Renaissance kann man aber aus dieser Sicht nicht mehr vom finsteren Mittelalter sprechen. Die Quellenlage verbessert sich ab dem 9. Jahrhundert schlagartig. Es gibt wieder Bücher, in der Buchmalerei entwickelt sich die Malerei zu höchster Blüte. Auch die Baukunst steht im Mittelalter auf ihrem Höhepunkt: Anfangs werden noch romanische Kirchen gebaut, die man später gotisch umgestaltet. Dann entstehen die großen gotischen Kathedralen, die uns mit ihrer majestätischen Kraft heute noch beeindrucken. In Großbritannien finden sie in den anglonormannischen Kathedralen ihre Pendants. Man schaue sich doch nur Kathedralen wie den Kölner Dom, das Ulmer Münster, Notre-Dame in Paris, Santa Maria del Fiore in Florenz oder The Cathedral of Christ Church in Canterbury in ihrer jeweils ländertypischen Ausprägung an – wer kann denn da noch von „finster" sprechen?

Kommen wir also zu der Frage, wie finster das Mittelalter in den Punkten Grausamkeit, Unterdrückung, Unfreiheit, Willkür und Unrecht gewesen ist und wie sehr es sich darin von der Antike und der Neuzeit unterscheidet. Waren die Kriege des Mittelalters grausamer als die der Antike oder der Neuzeit? Eindeutig nein! Sicher ist es bei den Eroberungszügen der Araber oder Germanen im frühen Mittelalter, beim Hundertjährigen Krieg oder bei den vielen Kreuzzügen zu unvorstellbaren Gräueln gekommen. Aber waren die Feldzüge Alexanders des Großen weniger grausam? Oder die völlige physische Vernichtung der Stadt Karthago und ihrer Einwohner durch die Römer am Ende des Dritten Punischen Krieges? Oder schauen wir in unsere ja so „helle" Neuzeit. Sie beginnt mit einem Zeitalter der Glaubenskriege, von denen der schlimmste 30 Jahre lang andauerte und Deutschland als Trümmerfeld zurückließ. Man kann sie gar nicht alle aufzählen, vom Siebenjährigen Krieg über die Kriege Napoleons, die nationalen Einigungskriege in Europa, die imperialistischen Kolonialkriege um die Ausbeutung der Welt bis hin zu den industrialisierten Kriegen wie dem amerikanischen Sezessionskrieg und dem Ersten Weltkrieg – es lässt sich beim besten Willen nicht erkennen, wo da der Fortschritt gegenüber dem ach so finsteren Mittelalter liegt. Ganz zu schweigen von dem, was die deutsche Kulturnation, dieses „Land der Dichter und Denker", in ihrer nationalsozialistischen Entgleisung ihren Nachbarn und insbesondere den Juden angetan hat.

Eine der größten Lügen über das Mittelalter ist die Behauptung, das Mittelalter sei das Zeitalter der großen Hexenverfolgung gewesen. Dabei war das Augenmerk der katholischen Inquisition viel mehr auf Ketzer und Häretiker gerichtet als auf Hexen. Der Aberglaube war in der Bevölkerung in der frühen Neuzeit viel größer als im Spätmittelalter, und folglich erreichten die Massenhysterie und die Hexenverfolgung im 16. und 17. Jahrhundert ihren absoluten Höchpunkt.

In der Tat trifft auf das Mittelalter der Vorwurf der Unfreiheit eines großen Teils der Bevölkerung zu. Hörigkeit, Leibeigenschaft, Erbuntertänigkeit – wie immer man es nennen will, im Mittelalter kann der einfache Bauer nicht tun und lassen, was er will, denn er „gehört" praktisch mit Haut und Haaren seinem Grundherrn. In der Antike hingegen – gab es die Sklaverei! Die griechischen Poleis und auch das so ruhmreiche Römische Reich hätten ohne Sklaverei gar nicht funktioniert. Genau wie der Hörige des Mittelalters war der antike Sklave im Besitz seines Herrn. Nur war der Unfreie im Mittelalter nicht zusätzlich auch noch eine Handelsware, die nach Belieben verkauft werden konnte. Man fragt sich, was da wohl finsterer ist. Oder in der Neuzeit: War nicht der wirtschaftliche Aufstieg der amerikanischen Kolonien und später der USA entscheidend davon anhängig, dass im atlantischen Dreieckshandel der Mensch zur Handelsware gemacht und zu Hunderttausenden von Afrika nach Amerika in die Sklaverei verschleppt wurde? Auch hier besteht kein Grund, sich über das Mittelalter zu erheben.

Da die katholische Kirche im Mittelalter praktisch die Deutungshoheit über alle naturwissenschaftlichen Phänomene innehatte, war es für die Wissenschaft dementsprechend schwer, ihre Erkenntnisse zu publizieren, wenn sie im Gegensatz zur kirchlichen Lehre standen. Das war sicherlich ein Rückschritt gegenüber der Antike, in der man der Wissenschaft wesentlich aufgeschlossener gegenüberstand. Das änderte sich mit dem Beginn der Neuzeit aber nicht automatisch – man bedenke, dass Galilei seine Erkenntnisse über die Umlaufbahn der Erde um die Sonne immerhin im 17. Jahrhundert vortrug. Da war das Mittelalter – je nach Definition – schon 100 bis 150 Jahre lang vorbei.

An allen bisher diskutierten Punkten lässt sich die Behauptung vom finsteren Mittelalter nicht beweisen und gehört deshalb hier in den Bereich der Lüge. Wenn allerdings etwas wirklich finster war am Mittelalter, dann eigentlich vor allem die Verknüpfung von weltlicher und geistlicher Gewalt durch die Kirche. Eine große Errungenschaft der Neuzeit ist mithin die Säkularisierung der Gesellschaft, die Trennung von Kirche und Staat, die dem Menschen die Möglichkeit bietet, ein weitgehend selbstbestimmtes Leben ohne religiöse Zwänge und ohne staatliche Willkür zu führen, ohne Angst vor Teufel, Fegefeuer und Jüngstem Gericht. Um diesen gar nicht groß genug einzuschätzenden Fortschritt zu erreichen, waren die Reformation und zahlreiche blutige Bürgerkriege nötig. Aber auch die Säkularisierung betrifft nur die westlichen Demokratien, ein großer Teil der Menschheit – leider mit zunehmender Tendenz – lebt in dieser Hinsicht weiterhin im Mittelalter.

Hartmann von Aue (gestorben zwischen 1210 und 1220) gilt als einer der bedeutendsten deutschen Dichter des Hochmittelalters. Darstellung aus dem Codex Manesse, um 1310.

„CHRISTOPH KOLUMBUS HAT AMERIKA ENTDECKT"

War er wirklich der Erste und wusste er überhaupt, wo er war?

Christoph Kolumbus hat Amerika entdeckt – das lernt schon jedes Kind, oftmals sogar schon vor der Schule im Kindergarten, denn das Jahr 1492, in dem diese Entdeckung stattfand, gilt als eines der wichtigsten Daten der europäischen Geschichte. Im selben Jahr gelang es den Spaniern, die letzten Mauren von der Iberischen Halbinsel zu vertreiben. Und schließlich gilt das Jahr 1492 als eines der Daten, an denen Historiker das Ende des Mittelalters und den Beginn der Neuzeit postulieren. Christoph Kolumbus hat Amerika entdeckt – bei dieser Aussage muss man beinahe jedes Wort auf die Goldwaage legen, um ihren Wahrheitsgehalt herauszufinden. Was bedeutet überhaupt „Amerika" in diesem Kontext? Und was bedeutet „entdecken" in diesem Zusammenhang? Zur Person des Christoph Kolumbus stellt sich zudem die Frage: Wenn man definiert hat, was „Amerika" und „entdecken" bedeutet, war er dann wirklich der erste Mensch, der Amerika entdeckt hat? Und selbst wenn man das mit „Ja" beantworten kann, kommt schon die nächste Frage: War ihm überhaupt bewusst, dass er da gerade Amerika entdeckt hat? Erst wenn man das alles genau durchleuchtet hat, kann man entscheiden, ob es sich bei der oben zitierten Aussage um die Wahrheit oder um eine dreiste Lüge handelt.

Die Fakten sind bekannt: Nach dem Fall Konstantinopels und dem Ende des Byzantinischen Reiches beherrschte das Osmanische Reich endgültig den Nahen Osten und den östlichen Mittelmeerraum. Dem wichtigsten moslemischen Staat kam nun eine ambivalente Brückenfunktion zu. Einerseits verband das auf drei Kontinenten liegende Osmanische Reich den mittelmeerisch-balkanischen Zivilisationsraum mit dem fernen Asien – einige der wichtigsten Fernhandelsrouten wie etwa die Seidenstraße und viele andere Karawanenstraßen führten über osmanisches Territorium. Andererseits stand das christliche Europa in einem scharfen, religiös wie machtpolitisch begründeten Gegensatz zu den Osmanen. Im Konfliktfall wäre es den Osmanen ein Leichtes gewesen, die Handelsrouten nach China und Indien jederzeit zu unterbrechen und dem europäischen Fernhandel auf diese Art schweren wirtschaftlichen Schaden zuzufügen.

So begannen die Europäer in der zweiten Hälfte des 15. Jahrhunderts verstärkt damit, ihre Kontakte mit Indien, China und Südostasien unter Umgehung des Osmanischen

Reiches zu sichern. Das Zeitalter der großen Entdeckungsfahrten begann. Die oberitalienischen Seestädte lieferten das technische Wissen, das Material, das Personal und das Kapital, und die iberischen Monarchien Portugal und Spanien organisierten und dirigierten die planmäßige Erkundung der Welt. Möglich wurden diese Fahrten erst durch Innovationen in Schiffbau und Navigation. Mit dem neuen Schiffstyp der Karavelle mit 100 Tonnen Tragfähigkeit waren Hochseefahrten möglich geworden, wenngleich schließlich die größere Karacke mit etwa 500 Tonnen Last das Hauptschiff der Entdeckungsfahrten wurde. Die nötigen geografischen Vorstellungen waren bereits in der Antike bekannt gewesen. Dann waren sie vergessen worden, doch im 15. Jahrhundert wurden sie wiederentdeckt. Dies gilt besonders für die Kugelgestalt der Erde, die zu jener Zeit nicht mehr strittig war. Gleichzeitig fanden wichtige und neue astronomische Instrumente Verbreitung, wie etwa der Magnetkompass oder Instrumente, mit denen man die nautische Breite berechnen konnte.

Die Suche nach dem Seeweg nach Indien mit dem Ziel, unter Ausschluss der Osmanen direkt mit den Erzeugern der begehrten Produkte in Verbindung zu treten, führte 1488 zur ersten Umsegelung des Kaps der Guten Hoffnung durch den Portugiesen Bartolomeu Diaz. Damit war die östliche Route gefunden. Es war gelungen, die sich in moslemischer Hand befindlichen Handelsrouten Kleinasiens und des Nahen Ostens zu umgehen. Die Route um den afrikanischen Kontinent herum wurde in der Folgezeit für die Portugiesen die neue Hauptverbindung nach Asien. Die Spanier hingegen versuchten, die Westroute zu finden, die es angesichts der Kugelgestalt der Erde schließlich ja auch geben musste.

Am 3. August 1492 verließen Kolumbus' drei Schiffe Santa Maria, Pinta und Niña den Hafen des andalusischen Städtchens Palos de la Frontera. Nach einem Zwischenstopp auf den Kanarischen Inseln nahmen sie am 6. September 1492 Kurs auf den offenen Atlantik und Indien. Einen Monat später stand die Besatzung der drei Schiffe kurz vor der Meuterei, denn die Mission dümpelte bei widrigen Winden immer noch irgendwo im Atlantik herum, wo man doch Indien eigentlich schon längst erreicht haben sollte. Der Grund für diese irrige Annahme lag in den fehlerhaften Seekarten dieser Zeit, in denen Europa viel zu groß und die Entfernung nach Indien viel zu klein eingezeichnet war. Gewissermaßen in allerletzter Sekunde vor dem Ausbruch der offenen Meuterei tauchte dann am Horizont die Insel Guanahani auf. Erster Akt des Kolonialismus: Kolumbus benannte die Insel kurzerhand in San Salvador um und entführte sechs eingeborene Frauen als Anschauungsobjekte nach Europa. War Amerika damit entdeckt? Jedenfalls setzte nach Kolumbus ein regelrechter „Run" auf Amerika ein. Bald betraten die ersten Abenteurer den Boden des nordamerikanischen und dann des südamerikanischen Festlands. Andere segelten entlang der Küsten Nord- und Südamerikas bis hinunter zum ewig stürmischen Kap Hoorn und dann an der pazifischen Küste Amerikas wieder hinauf. Gleichzeitig kamen die Konquistadoren mit ihren Soldaten und nahmen das Land im Namen Gottes und der spanischen Krone in Besitz – mit all den bekannten Folgen von der materiellen Ausplünderung bis hin zur Versklavung und Ermordung der Eingeborenen.

Amerika – was ist das überhaupt? In geografischer Hinsicht handelt es sich um den bekannten Doppelkontinent mit seinen Bestandteilen Nordamerika, Mittelamerika und Südamerika. Einst waren Nord- und Südamerika voneinander getrennt, die Landbrücke von Panama, die beide Kontinente heute miteinander verbindet, entstand erst vor rund drei Millionen Jahren. Geologisch gesehen ist Amerika aber viel größer als die Landfläche, die den Atlantischen Ozean vom Pazifischen Ozean trennt. Speziell die nordamerikanische Erdplatte gehört zu den größten Erdplatten überhaupt. Sie erstreckt sich weit nach Osten bis hin zum mittelatlantischen Rücken. Der Nordpol liegt auf ihr, der äußerste Osten Sibirien sowie – Grönland und der

Posthumes Porträt des Christoph Kolumbus, gemalt von Sebastiano del Piombo im Jahre 1519.

Westteil von Island! Wenn man also behauptet, dass Kolumbus Amerika entdeckt hat, weil er auf der 600 Kilometer vor der Küste von Florida gelegenen Bahamas-Insel San Salvador gelandet ist, muss man gleichzeitig zugestehen, dass jemand, der vor 1492 etwa Grönland betreten hat, damit Amerika vor Kolumbus entdeckt hätte. Und so jemanden gab es: Bereits um das Jahr 875 herum landete der Wikinger Gunnbjörn Ulfsson auf Grönland. Ist er nun der Entdecker Amerikas? Dass das amerikanische Festland bereits um das Jahr 1000 herum von dem Wikinger Leif Eriksson betreten wurde, ist heute weithin bekannt. Auch hier war Kolumbus bei Weitem nicht der Erste.

Auch von „entdecken" kann bei dem, was da am Ende des 15. Jahrhunderts passierte, nicht die Rede sein, denn immerhin lebten dort ja bereits Menschen – und das schon seit über 15.000 Jahren. Die Begrifflichkeit „Entdeckung" entspricht einer stark europazentrischen Sicht auf die Welt und ihre Geschichte, die bis in die Kolonialzeit des frühen 20. Jahrhunderts durchaus üblich war. Heute ist sie nicht mehr zeitgemäß, und vor allem amerikanische Historiker verwahren sich zu Recht gegen diese Sichtweise. Alles in allem muss man also feststellen, dass die Aussage „Christoph Kolumbus hat Amerika entdeckt" aus heutiger Sicht gleich aus mehreren Gründen eine Lüge ist, auch wenn das zum Zeitpunkt ihrer Entstehung vor über 500 Jahren niemand wissen konnte. Heute sollte man das so nicht mehr formulieren. Der Wahrheit viel näher kommt die Aussage: „Christoph Kolumbus ist im Zeitalter der großen Entdeckungsfahrten als erster Europäer auf den Bahamas-Inseln gelandet." Kolumbus selbst hat übrigens bis zu seinem Tod im Jahre 1506 trotz drei weiterer Reisen nie begriffen, dass es sich bei dem von ihm „entdeckten" Land um einen völlig neuen Kontinent gehandelt hat. Für ihn blieben Amerika und die Amerikaner zeitlebens Westindien und die Indianer. Da war sein Kollege Amerigo Vespucci wesentlich weiter, der bereits früh erkannte, dass es sich um etwas Andersartiges handelte. Deshalb ist Amerika auch bereits 1507 nach Vespucci und nicht nach Kolumbus benannt worden.

Dieser zeitgenössische spanische Holzschnitt zeigt die Landung von Christoph Kolumbus auf der Insel Guanahani im Jahre 1492.

„DER DREISSIG- JÄHRIGE KRIEG WAR EIN RELIGIONSKRIEG"

Warum die Religion nur ein Vorwand für knallharte Machtinteressen war

Schon bald nach seinem Ende wurde der Dreißigjährige Krieg von der Geschichtsschreibung zum „Religionskrieg" erklärt. Das war jedoch eine verharmlosende Lüge, die in die Welt gesetzt wurde, damit jede Seite der jeweils anderen auf einfachste Weise die Schuld zuschieben konnte und um die wahren Hintergründe zu verschleiern, die aus knallharten Machtinteressen bestanden. Zudem gab es den „einen" Dreißigjährigen Krieg gar nicht, denn das Kriegsgeschehen war eine Abfolge von nicht weniger als vier Einzelkriegen mit wechselnden Akteuren, die mit unterschiedlicher Intensität in verschiedenen Teilen des Heiligen Römischen Reiches ausgefochten wurden und bei denen der religiöse Aspekt im Laufe der Zeit immer mehr in den Hintergrund trat. Zudem war der Dreißigjährige Krieg eng mit einigen weiteren europäischen Kriegen verknüpft, die aber ebenfalls weitgehend auf dem Gebiet des Reiches ausgefochten wurden und die – wie der Achtzigjährige Krieg zwischen Spanien und den Niederlanden – teils schon wesentlich früher begonnen hatten oder – wie der spanisch-französische Krieg – noch nach dem Ende des Dreißigjährigen Krieges weitergingen.

Was im Jahre 1618 als lokale Revolte der mehrheitlich protestantischen Stände gegen die Herrschaft des katholischen Hauses Habsburg in Böhmen begann, endete als großer Krieg, in den fast alle Völker Europas involviert waren. Der Hauptkriegsschauplatz war das Heilige Römische Reich. Die lange Dauer des Krieges hatte viele verschiedene Ursachen. Da waren zum einen die politischen und konfessionellen Konflikte innerhalb des Reiches. Dazu kam ihre Vermengung mit den explosiven europäischen Konfliktkonstellationen jener Zeit. Schließlich entwickelte das Kriegsgeschehen eine Eigendynamik und Komplexität, die bis zu Beginn der 1640er-Jahre alle Bestrebungen, den Konflikt zu befrieden, ins Leere laufen ließen. Sowohl der Friedensschluss von Lübeck von 1629 als auch der Friedenschluss von Prag aus dem Jahre 1635 scheiterten daran, dass die Verträge nicht die Interessen aller am Krie-

Darstellung des Prager Fenstersturzes von 1618, des Auslösers des Dreißigjährigen Krieges. Kupferstich von Matthäus Merian dem Älteren von 1629.

ge beteiligten Parteien berücksichtigten. Der Grund: Sowohl im Reich als auch auf der europäischen Ebene fehlten der Politik geeignete Mittel, den kriegerischen Konflikt durch friedlichen Interessenausgleich beizulegen. Die Instrumentarien zur Herstellung von Frieden und vor allem auch zur Friedenswahrung waren noch nicht weit genug entwickelt. Die Diplomatie als Mittel der friedlichen Konfliktbewältigung steckte immer noch in den Kinderschuhen.

Die Leidtragenden waren wie immer die einfachen Menschen. Entlang der Durchzugswege der großen Heere, wie etwa im Nordosten des Reiches im Herzogtum Pommern oder im Südwesten im Herzogtum Württemberg, war es besonders schlimm. Durch das jahrzehntelange Vorrücken und Zurückziehen der Armeen wurde das Land völlig verwüstet. Manche Landstriche wurden innerhalb kürzester Zeit gleich mehrmals zum Schauplatz mörderischer Schlachten. Zudem mussten sich die Armeen meist aus dem Land selbst ernähren, was in der Realität Plünderung, Gewalt und Mord bedeutete. Den Hungertod vor Augen, machte es für die Betroffenen wohl kaum noch einen Unterschied, ob man von der feindlichen oder der eigenen Armee ausgeplündert worden war. In den am schlimmsten betroffenen Regionen des Reiches wurde mehr als die Hälfte der Bevölkerung durch Kriegseinwirkungen, Hunger und Krankheiten dahingerafft. Die Einwohnerzahl des Reiches sank von 16 Millionen bei Kriegsausbruch 1618 um mehr als ein Drittel auf nur noch zehn Millionen im Jahre 1648. Zeitgleich rollte noch eine neue Pestwelle durch das Reich, die die geschwächte und hungernde Bevölkerung zusätzlich dahinraffte. Der Dreißigjährige Krieg war die größte militärische und menschliche Katastrophe, die das Reich je erlebt hatte. An seinem Ende waren im Heiligen Römischen Reich fast 2000 Schlösser, 2000 Städte und 20.000 Dörfer komplett zerstört. Zwei Generationen verloren durch den Krieg ihre Existenz und ihre Lebensgrundlagen, und an den Folgen des Krieges litten noch mehrere nachkommende Generationen. Erst im Jahre 1720, mehr als 100 Jahre nach dem Ausbruch des Dreißigjährigen Krieges, erreichte das Reich wieder die Bevölkerungszahl von 1618. Aber wie konnte das passieren?

Die Jahre von der Reformation bis 1553 waren von verschiedenen Versuchen Kaiser Karls V. geprägt gewesen, die Reformation mit militärischen Mitteln wieder rückgängig zu machen und die Protestanten zwangsweise wieder in die katholische Kirche zurückzuführen. Trotz seines Sieges im Schmalkaldischen Krieg im Jahre 1547 musste er dieses Ziel als unerreichbar abschreiben, denn der Aufstand der protestantischen Fürsten 1552 zeigte, dass der Protestantismus militärisch nicht zu besiegen waren. Karl V. gab auf und verließ das Reich im Jahre 1553 für immer. Sein Bruder und Nachfolger Ferdinand I. leitete Verhandlungen über einen Frieden zwischen den Konfessionen, der im Jahre 1555 auf dem Reichstag zu Augsburg als „Reichs- und Religionsfrieden" verkündet wurde. Die Konfessionen wurden gleichberechtigt, und nach dem Grundsatz „cuius regio, eius religio" konnten die Fürsten nun selbst über ihre Konfession und die ihrer Untertanen entscheiden. Damit war die Reformation zu ihrem Abschluss gekommen. Doch in den Folgejahren verschärfte sich das Klima immer mehr. Kaiser Maximilian II. hielt sich noch an den Augsburger Frieden, doch sein Nachfolger Rudolf II. versuchte systematisch, die protestantischen Fürsten im Reich zu entmachten, etwa indem er sie aus dem Reichstag drängte. Zum Schutz gegen das mächtige Kaiserhaus Habsburg gründeten die radikalisierten protestantischen Fürsten dann 1608 die protestantische Union. Die katholischen Fürsten antworteten mit der Bildung der Katholischen Liga. Die Gegner standen bereit, jetzt fehlte nur noch der Zündfunke.

Den lieferten dann Kaiser Mathias und die protestantischen böhmischen Stände. Der Kaiser versuchte in Böhmen die Religionsfreiheit wieder einzuschränken und verbot 1618 den Protestantismus kurzerhand. Daraufhin kam es zum legendären Prager Fenstersturz und zum ersten Akt des Dreißigjährigen Krieges, dem Böhmisch-Pfälzischen Krieg. Die Entscheidung fiel bereits im Jahre 1620, als das böhmische Heer in der Schlacht auf dem Weißen Berg vernichtend geschlagen wurde. Dennoch zog sich der Krieg noch bis 1623 und endete mit der Auflösung der Union und dem Triumph der Liga. Daraufhin bildeten die protestantischen Staaten Dänemark, die Niederlande und England die Haager Allianz, und die Dänen marschierten 1625 in das Heilige Römische Reich ein. Im folgenden Dänisch-Niedersächsischen Krieg wurden die Protestanten von Tilly und Wallenstein, den überragenden Feldherren der Union, geschlagen und mussten 1629 aufgeben. Im folgenden Frieden von Lübeck überspannte Kaiser Ferdinand II. den Bogen allerdings, indem er

Der schwedische König Gustav II. Adolf (1594–1632) war einer der Hauptakteure im Schwedischen Krieg 1630 bis 1635.

mit dem Restitutionsedikt die Rekatholisierung aller protestantischen Fürstentümer anordnete, statt den Ausgleich zu suchen. Dennoch stand der Kaiser jetzt auf dem Höhepunkt seiner Macht. Das rief gleich Schweden und das traditionell antihabsburgisch eingestellte Frankreich auf den Plan. Im Schwedischen Krieg marschierten die Schweden ab 1630 bis nach Süddeutschland durch. In der Schlacht bei Rain am Lech fiel am 30. April 1632 der Feldherr Tilly, am 6. November in der Schlacht von Lützen der schwedische König Gustav II. Adolf. Im Jahre 1634 wurde schließlich Wallenstein abgesetzt, geächtet und schließlich ermordet. Als der Krieg 1635 so langsam seinen Schwung verlor, trat Frankreich offen in das Kriegsgeschehen ein und erweiterte den Krieg zum Schwedisch-Französischen Krieg. Nun begann die Phase, in der die Kämpfe hin und her wogten und das Reich bis auf seine Grundmauern verwüsteten.

Worum es beim Dreißigjährigen Krieg wirklich ging, kann man auch gut an den Ergebnissen der Friedensschlüsse erkennen, am Westfälischen Frieden zu Münster und Osnabrück von 1648. Die großen Gewinner des Krieges waren Schweden und Frankreich, die beide große Gebiete aus dem Heiligen Römischen Reich zugesprochen bekamen. Schweden erhielt zudem fünf Millionen Reichstaler, eine für damalige Verhältnisse ungeheure Summe. Auf der anderen Seite waren die Hauptverlierer die kaiserliche Zentralgewalt und das Papsttum, das fortan kaum noch eine größere politische Rolle spielen sollte. Die protestantischen Reichsstände wurden so gestärkt, dass eine auch schleichende Revision des Augsburger Reichs- und Religionsfriedens in Zukunft nicht mehr möglich war – geschweige denn eine militärische Rekatholisierung. Zudem schieden die Niederlande und die Eidgenossenschaft endgültig aus dem Heiligen Römischen Reich aus. Frankreich, Schweden und die protestantischen Reichsstände hatten ihre Machtinteressen durchgesetzt: Frankreich hat sich durch die Unabhängigkeit der bisher zum Hause Habsburg gehörenden Niederlande aus der gefürchteten habsburgischen „Umklammerung" gelöst, Schweden war zur neuen Großmacht des Ostseeraums aufgestiegen und die protestantischen Fürsten hatten eine viel breitere Machtbasis gegenüber dem Kaisertum gewonnen. Die religiöse Frage war demgegenüber eher zweitrangig.

„DIE FRANZÖSISCHE REVOLUTION HAT DIE MONARCHIE BESEITIGT"

Wie die Monarchie die Französische Revolution überlebt hat

Wie in Deutschland gibt es auch in Frankreich schon lange keine Monarchen mehr. Die Staatsoberhäupter sind nicht wie im Vereinigten Königreich, in Dänemark, Schweden und Norwegen oder in Belgien, den Niederlanden und Spanien erbliche Könige oder Königinnen, sondern gewählte Staatspräsidenten mit einer begrenzten Amtsdauer. Wenn man aber jemanden fragt, seit wann das wohl in Frankreich so ist, bekommt man fast immer die Antwort: „Seit der Französischen Revolution", weil den meisten Menschen entweder noch aus ihrer eigenen Schulzeit oder aus den Medien die Bilder im Kopf sind, wie König Ludwig XVI. am 21. Januar 1793 auf der Place de la Concorde in Paris unter der Guillotine seinen Kopf verlor. Das war aber in Frankreich mitnichten das endgültige Ende der Monarchie. Die Lüge, die Französische Revolution habe die Monarchie beseitigt, stammt wahrscheinlich schon aus dem Jahre 1793 selbst, weil die Revolutionäre in diesem Moment selbst fast daran glaubten und nicht ahnen konnten, welche Wege die Geschichte nur wenige Jahre später nehmen sollte.

Dabei war die Abschaffung der Monarchie zunächst noch nicht einmal das Ziel der Revolutionäre gewesen. Zu Beginn der Französischen Revolution wollten die Revolutionäre vor allem die Feudalherrschaft abschaffen, das willkürliche, menschenverachtende absolutistische Regime des Herrschers beenden und den König zwingen, sich – ähnlich wie im Vereinigten Königreich – einer geschriebenen Verfassung zu unterwerfen. Doch Ludwig spielte ein doppeltes Spiel. Er dachte gar nicht daran, sich von einem durch „Gottesgnadentum" eingesetzten Herrscher zum ersten Repräsentanten des französischen Volkes degradieren zu lassen, und versuchte die anderen europäischen Könige zum Krieg gegen Frankreich zu bewegen. Gleichzeitig plante er seine Flucht aus Frankreich. Mit seiner Familie machte er sich am 21. Juni 1791 auf den Weg in die Österreichischen Niederlande, das heutige Belgien – schließlich war seine Frau Marie Antoinette Österreicherin. Doch in der nordfranzösischen Stadt Varennes flog die Sache auf. Ludwig wurde von einem

Burschen auf einer Münze erkannt und zurück nach Paris gebracht. Widerwillig leistete er am 14. September 1791 seinen Eid auf die neue Verfassung und erklärte kraft seines Amtes als Staatsoberhaupt die Revolution für beendet. Gleichzeitig verfolgte er aber weiterhin seine Pläne, eine Koalition der europäischen Monarchien gegen Frankreich zu schmieden und nach deren Sieg dann seine ursprüngliche Macht wiederherzustellen. Beinahe ein Jahr lang dauerte das doppelte Spiel, dann flogen seine Pläne auf, und der König wurde verhaftet. Am 21. September erklärte der mittlerweile gebildete Nationalkonvent ihn für abgesetzt und rief die Republik aus.

Die blieb aber nicht lange bestehen, denn nun erfüllte sich der Traum des Königs posthum doch noch und die europäischen Monarchien erklärten dem revolutionären Frankreich den Krieg. Dabei erwies sich die französische Armee zunehmend als überlegen und am Ende beinahe als unbesiegbar. Die vielen militärischen Erfolge spülten einen General nach oben, der schließlich nach der Macht griff und sie nicht mehr losließ: Napoleon Bonaparte. Doch musste er sich noch gedulden, denn angesichts der Bedrohung durch die Gegenrevolution beherrschten von 1792 bis 1794 zunächst einmal der Terror der Jakobiner und die Guillotine die Straßen von Paris. Nach den militärischen Siegen kam die

Dieser französische Kupferstich aus dem Jahre 1793 zeigt die Hinrichtung König Ludwigs XVI. auf der Pariser Place de la Concorde am 21. Januar 1793.

Revolution etwas zur Ruhe, und die gemäßigten Kräfte traten wieder in den Vordergrund und beendeten die Schreckensherrschaft Robespierres. In der nun folgenden Zeit des Direktoriums kamen die Besitzbürger an die Macht und schafften viele der Errungenschaften der Revolution für die „kleinen Leute" wieder ab. Dadurch radikalisierten sich die Massen erneut, und 1799 stand Frankreich vor einer erneuten Revolution. Da putschte Napoleon und stellte sich mit militärischer Gewalt an die Spitze des Staates. Er ließ sich zunächst für zehn Jahre zum Ersten Konsuln eines Dreierkollegiums bestätigen, 1702 dann zum Konsul auf Lebenszeit. Damit hatte er diktatorische Vollmachten, aber das reichte ihm noch nicht. Am 2. Dezember 1804 beendete Napoleon die Erste Republik und krönte sich in der Pariser Kathedrale Notre-Dame in Anwesenheit von Papst Pius VII. eigenhändig zum „Kaiser der Franzosen". Durch die Wahl dieses Titels wollte er seiner Krönung eine quasidemokratische Legitimation verleihen, so als wäre er nur auf den ausdrücklichen Wunsch seines Volkes zum Kaiser geworden. Im Mai des darauffolgenden Jahres krönte Napoleon sich zudem zum König von Italien. Mit der Erneuerung der Monarchie – auch wenn sie nun einen ganz anderen Charakter hatte als das „Ancien Régime" Ludwigs – gingen viele Errungenschaften der Revolution wieder verloren. Frankreich war nur elf Jahre nach dem Tod Ludwigs XVI. wieder eine Monarchie.

Und Frankreich sollte eine Monarchie bleiben. Nach Napoleons Sturz und dem Ende des Ersten Kaiserreiches wurde auf dem Wiener Kongress recht schnell klar, dass die Siegermächte in Frankreich das alte System wiederbeleben würden. Und so kam es auch: Ludwig XVIII. und sein Nachfolger Karl X. machten im Prinzip da weiter, wo ihr Vorgänger Ludwig XVI. aufgehört hatte. Ihre Politik wurde immer despotischer, und vor allem Karl X. strebte offen eine Wiederbelebung des barocken Herrscherbildes eines absolutistisch regierenden Königs an. Im notleidenden Volk rührte sich immer mehr Unwillen, und als Karl dann am 26. Juli 1830 das Parlament auflöste, kam es zur Julirevolution, in deren Verlauf Karl X. schließlich abdanken musste und ins Exil ging, wo er 1836 an der Cholera starb. Sein Nachfolger wurde sein Enkel Louis-Philippe, der als „Bürgerkönig" zunächst sehr liberal regierte. Im Laufe der Jahre wurde aber auch er immer reaktionärer und verlor dadurch zunehmend den Rückhalt in der Bevölkerung. Schließlich trat er sogar der „Heiligen Allianz" aus Russland, Österreich und Preußen bei, die das Ziel hatte, die Zustände von vor der Französischen Revolution wiederherzustellen. Gleichzeitig gelang es ihm nicht, Antworten auf die infolge der Industrialisierung aufkommenden sozialen Fragen zu finden. Im Februar 1848 kam es zur Revolution, die den König aus dem Amt spülte und ihn zwang, nach England ins Exil zu gehen. Damit war die Phase der Restauration beendet.

Nach der Februarrevolution von 1848 wurde in Frankreich die Zweite Republik ausgerufen. Bei erstmals freien Wahlen wählten die Franzosen mit einer überwältigenden Mehrheit von 75 Prozent Louis Napoleon Bonaparte zum Staatspräsidenten, einen Neffen

Drei Jahre lang, von 1805 bis 1808, arbeitete der französische Maler Jaques-Louis David an seinem Monumentalgemälde, das die Kaiserkrönung Napoleon Bonapartes am 2. Dezember 1804 darstellt.

ihres ehemaligen Feldherrn und Kaisers. Sein Vater war Louis Bonaparte, Bruder von Napoleon und 1806 bis 1810 König von Holland. Aufgewachsen war Louis-Napoleon in der Schweiz und im bayrischen Augsburg. Er war stark von seiner Familie und ihrer Geschichte geprägt und hegte bereits unter der Regentschaft von Louis-Philippe Putschpläne, um das glorreiche Frankreich seines Onkels wiederherzustellen. Folglich war es auch nun um die Zweite Republik nicht gut bestellt. Bereits am 2. Dezember 1851, dem 47. Jahrestag der Kaiserkrönung seines Onkels, putschte er und wandelte die Zweite Republik in eine

Diktatur um. Und ein Jahr später war es wieder der 2. Dezember, an dem sich Louis-Napoleon im Jahre 1852 als Kaiser Napoleon III. selbst die Krone aufsetzte. Das Zweite Kaiserreich war geboren.

Nun folgte der letzte Akt der französischen Monarchie. Das Zweite Kaiserreich war im Inneren eine totalitäre Diktatur, in der politische Gegner verfolgt und auf die Teufelsinsel vor der Küste Südamerikas oder auf die Inselgruppe Neukaledonien östlich von Australien deportiert wurden. Zahlreich französische Intellektuelle gingen deshalb vorsichtshalber lieber ins Exil. Ab den 1860er-Jahren liberalisierte der Kaiser sein Regime dann allerdings, gewährte dem Parlament mehr Rechte und ließ mehr Pressefreiheit sowie die Bildung von Gewerkschaften zu. Nach außen hin betrieb Napoleon III. in den 1850er-Jahren zunächst eine erfolgreiche Politik, die dann aber jäh in den Misserfolg umkippte. Vor allem sein gescheitertes Mexiko-Abenteuer 1862 bis 1876 mit der Einsetzung des Habsburgers Maximilian I. als „Kaiser von Mexiko" endete mit der militärischen Niederlage und der Hinrichtung Maximilians im Fiasko. Endgültig „verzockte" Napoleon III. sich dann aber in der Frage der deutschen Einheit, was ihn dann am Ende auch den Kopf kostete. Der Kaiser stand der stattlichen Einigung Deutschlands unter der Führung Preußens ablehnend gegenüber und unterstützte Österreich, das aber 1866 im Deutschen Krieg eine vernichtende Niederlage erlitt. Nach weiteren außenpolitischen Niederlagen begann er im Juli 1870 – herausgefordert von Bismarck, in der irrigen Annahme, die süddeutschen Staaten würden stillhalten, und verblendet über die tatsächliche Stärke seiner „Grande Armee" – den Deutsch-Französischen Krieg. Doch die Preußen rückten – unterstützt von den süddeutschen Staaten – schnell vor und nahmen den Kaiser am 1. September 1870 in Sedan gefangen. Das war das Ende. Zwei Tage später wurde in Paris die Dritte Republik ausgerufen, Napoleon selbst im Kasseler Schloss Wilhelmshöhe unter Arrest gestellt. Höchststrafe: Von hier aus musste der abgesetzte Kaiser der Franzosen miterleben, wie die deutschen Fürsten unter der Führung des preußischen Königs Wilhelm I. und unter der Regie Bismarcks am 19. Januar 1871 im Spiegelsaal des Schlosses von Versailles das deutsche Kaiserreich gründeten, den ersten deutschen Nationalstaat der Geschichte. Im März 1871 durfte Napoleon III. nach London ausreisen, wo er Anfang 1873 verstarb. So kann man also feststellen, dass nicht die Französische Revolution, sondern deutsche Truppen unter der Führung Preußens die französische Monarchie beseitigt haben.

„SEINE MAJESTÄT DER KÖNIG SOLL SICH AUF ALLE ZUKUNFT VERPFLICHTEN ..."

Auf Lüge gebaut: die Emser Depesche und die Reichsgründung 1871

Im Zeitalter der Massenmedien entfaltet die gezielte Lüge eine ungeheure Wirkung. Einer der Ersten, die das erkannt haben, war der preußische Ministerpräsident Otto von Bismarck. Sein Motto: Der Zweck heiligt die Mittel. Sein Einsatz: eine der dreistesten Lügen überhaupt. Sein Opfer: der französische Kaiser Napoleon III. Sein Lohn: der erste deutsche Nationalstaat der Geschichte.

Aber alles der Reihe nach: Gegen Ende der 1860er-Jahre benötigte der französische Kaiser Napoleon III. nach einigen schweren Schlappen, die auch seine Herrschaftsbasis bedrohten, dringend wieder einmal ein außenpolitisches Erfolgserlebnis. Besonders schwer lastete das gescheiterte Mexiko-Abenteuer auf den Schultern des Kaisers. Als Mexiko im Jahre 1861 die Rückzahlung seiner Auslandsschulden einstellte, verbündeten sich Frankreich, Großbritannien und Spanien, um die Mexikaner mit militärischen Mitteln zur Zahlung zu zwingen. 1862 in Mexiko angekommen, mussten die Briten und die Spanier bald erkennen, dass es den Franzosen nun gar nicht mehr um die Schulden ging, sondern um nichts weniger als die Eroberung von Mexiko. Auch wenn die USA in ihrem Sezessionskrieg mit sich selbst beschäftigt waren und ihre Monroe-Doktrin nicht durchsetzen konnten, wurde den Briten und Spaniern die Sache zu heiß. Hastig zogen sie sich zurück und verabschiedeten sich aus Napoleons Hasardeurenstück, das dann auch gewaltig in die Hose ging. Die französischen Truppen wurden bis 1867 vernichtend geschlagen, der von Napoleon installierte „Kaiser von Mexiko", der Habsburger Maximilian, wurde hingerichtet. Das war kein gutes Jahr für Napoleon, denn auch sein Griff nach Luxemburg, das er seinem Kaisertum einverleiben wollte, ging schief. Zudem war im Vorjahr sein deutscher Verbündeter Österreich, der große Gegenspieler Preußens, von diesem vernichtend geschlagen und faktisch aus Deutschland hinausgedrängt worden. So bestand die Gefahr, dass man tatenlos zusehen musste, wie sich im Osten Frankreichs unter der Führung Preußens ein mächtiger deutscher Nationalstaat erheben könnte, der Frankreich in vielen Belangen überlegen sein würde. Und schon begann die Bildung eines deutschen Reiches durch die Gründung des Norddeutschen Bundes als Staat unter der Führung Preußens 1867 für alle in Europa sichtbar Gestalt anzunehmen. Aber damit noch nicht genug: Viele seiner Anhänger bis hinein in seine engsten Kreise warfen dem Kaiser eine Zaghaftigkeit vor, die er wohl kaum von seinem Onkel geerbt haben könne, dem großen Napoleon Bonaparte.

Über all dies war der preußische Ministerpräsident Otto von Bismarck natürlich bestens informiert und ihm war klar, dass Frankreich unter diesen Umständen eine gesamtdeutsche Staatsgründung nicht hinnehmen würde. Er war fest davon überzeugt, dass es wegen dieser Frage mit Frankreich zum Krieg kommen würde. Doch für den zukünftigen Bestand eines deutschen Nationalstaats war es von allerhöchster Bedeutung, dass die deutsche Seite in diesem Krieg – wenn er denn schon unvermeidlich schien – nicht als Aggressor dastehen würde, um revanchistischen Bestrebungen in Frankreich von vornherein den Wind aus den Segeln zu nehmen. Dazu kam, dass die süddeutschen Staaten Preußen bei einem eigenen Angriff auf Frankreich nicht unterstützen würden, sondern nur im Verteidigungsfall, also bei einer Aggression Frankreichs. Der Krieg musste für jeden sichtbar eindeutig von Frankreich ausgehen. Dazu war Bismarck jedes Mittel recht, einschließlich der bewussten, gezielt gestreuten und von den Zeitungen hunderttausendfach verbreiteten provozierenden Lüge.

Den Anlass für die gezielte Provokation lieferte dann in seiner diplomatischen Tollpatschigkeit der französische Kaiser selbst. Der Stein des Anstoßes lag im fernen Spanien. Dort war die Königin Isabella II. von Aufständischen vertrieben worden und nach Paris geflüchtet. Wie schon seit Jahrhunderten immer wieder machten sich die Franzosen Hoffnungen auf die Nachfolge auf dem spanischen Thron, als König Wilhelm I. von Preußen den Hohenzollernprinzen Leopold

Der Kriegstreiber und „Drahtzieher" der Emser Depesche: Kupferstich mit dem Porträt Otto von Bismarcks aus dem Jahre 1973.

Das „Opfer" der Emser Depesche: Das Gemälde von Alexandre Cabanel mit dem Porträt Napoleons III. von 1865 war das Lieblingsbild von Eugenie, der Ehefrau des französischen Kaisers.

als zukünftigen spanischen König vorschlug. Das war schon mal die erste Provokation, und sie wirkte: Der französische Kaiser tobte und drohte den Preußen sofort mit Krieg, falls die Kandidatur Leopolds nicht zurückgezogen würde. Der preußische König lenkte ein, doch das reichte Napoleon noch längst nicht aus. Nun wollte er die totale diplomatische Niederlage Preußens und König Wilhelm vor den Augen ganz Europas öffentlich demütigen. Doch in seiner Erregung bemerkte er nicht, dass er schon längst in die Falle getappt war. Um eine offizielle Entschuldigung zu fordern und die öffentliche Erklärung Preußens, so etwas nie wieder zu tun, schickte er am 13. Juli 1870 seinen Botschafter Vincent Graf Benedetti nach Bad Ems, wo sich Wilhelm I. gerade aufhielt. Und prompt folgte der nächste Riesenlapsus: Entgegen jeglichen diplomatischen Gepflogenheiten wartete Benedetti nun aber nicht ab, bis er eine Audienz beim König erhielt, sondern sprach diesen während eines Spaziergangs auf der Kurpromenade direkt an und stellte seine Forderungen. Unter anderem verlangte er, „Seine Majestät der König solle sich auf alle Zukunft verpflichten, niemals wieder seine Zustimmung zu geben, wenn die Hohenzollern auf ihre Kandidatur zurückkämen". Das war eine schwere diplomatische Entgleisung, und der König nutzte diese günstige Gelegenheit und lehnte die französischen Forderungen empört ab. Der König behauptete, noch gar nichts vom Rückzug der Thronkandidatur Leopolds zu wissen, was offiziell wohl stimmen mochte. Als er dann später das diesbezügliche offizielle Telegramm aus Madrid erhielt, ließ er dies Benedetti ohne weiteren Kommentar von einem Adjutanten ausrichten, ohne ihn noch einmal zu empfangen.

Natürlich ließ Wilhelm seinen Ministerpräsidenten über diesen Vorfall per Telegramm informieren. Dies war die eigentliche „Emser Depesche". Nach anfänglicher Verunsicherung wurde Bismarck klar, dass nun der Zeitpunkt für die finale, dreisteste Lüge in diesem diplomatischen Schmierenstück gekommen war. Bismarck „frisierte" das Telegramm, sodass die Tatsachen für die französische Seite noch unvorteilhafter erschienen. Er kürzte die Nachricht erheblich und formulierte sie so, als wäre Benedetti in höchst ungebührlicher Manier an den König herangetreten, was bei aller diplomatischer Fragwürdigkeit Benedettis doch eine strake Übertreibung war. Außerdem verschwieg er, dass der preußische König mit Benedetti durchaus auch in der Sache gesprochen hatte und sie ihre Standpunkte dargelegt hatten. Heraus kam folgende Mitteilung: „Nachdem die Nachrichten von der Entsagung des Erbprinzen von Hohenzollern der Kaiserlich Französischen Regierung von der Königlich Spanischen amtlich mitgeteilt worden sind, hat der französische Botschafter in Ems an Seine Majestät den König noch die Forderung gestellt, ihn zu autorisieren, dass er nach Paris telegrafiere, dass Seine Majestät der König sich für alle Zukunft verpflichte, niemals wieder seine Zustimmung zu geben, wenn die Hohenzollern auf ihre Kandidatur wieder zurückkommen sollten. Seine Majestät der König hat es darauf abgelehnt, den französischen Botschafter nochmals zu empfangen, und demselben durch den Adjutanten vom Dienst sagen lassen, dass Seine Majestät dem Botschafter nichts weiter mitzuteilen habe."

Bismarck leitete diese verlogene Darstellung des Vorgangs zur Veröffentlichung an die regierungsfreundliche „Norddeutsche Allgemeine Zeitung" weiter, die noch am selben Abend mit einer Sonderausgabe herauskam. Dabei war Bismarck durchaus bewusst, dass dies Krieg mit Frankreich bedeuten würde. Deshalb hatte er sich vorher auch mit den preußischen Generalfeldmarschällen Roon und Moltke beraten, die ihm versichert hatten, dass Preußen für einen Krieg gegen Frankreich ausreichend gerüstet sei und dass es umso besser für Preußen sei, je früher dieser Krieg beginnen würde.

Der Zeitpunkt war pikant, denn in der französischen Presse erschien die Meldung am Tag darauf, am 14. Juli, dem französischen Nationalfeiertag. Dadurch wurde die sowieso schon große Empörung in der französischen Öffentlichkeit noch einmal gesteigert. Man sah durch die deutsche Zurückweisung einer als legitim empfundenen französischen Forderung die Ehre der „Grande Nation" beschmutzt, und die Regierung konnte nun gar nicht mehr anders, als die Kriegsdrohung, die ja bereits die ganze Zeit im Raume gestanden hatte, wahrzumachen. Am 19. Juli 1870 war Bismarck am Ziel: Kaiser Napoleon III. erklärte Preußen den Krieg. Am Ende standen der Sturz Napoleons III. und die Gründung des Deutschen Reiches als erster deutscher Nationalstaat in der Geschichte. Ironie der Geschichte: Hatte sein Großvater Napoleon Bonaparte noch 1806 durch die erzwungene Abdankung Kaiser Franz' II. das Heilige Römische Reich Deutscher Nation und das deutsche Kaisertum beseitigt, so wurde Napoleon III. durch Lügen in einen Krieg gelockt, an dessen Ende die Erneuerung der Kaiserwürde in Deutschland stand.

DOCH NICHT „UNSINKBAR" ODER ETWA „AUF REKORD-FAHRT"?

Warum das größte Schiff der Welt sinken musste

Die Fakten sind schnell erzählt: Am 14. April 1912 kollidierte der Passagierdampfer Titanic im Nordatlantik mit einem Eisberg und sank innerhalb von weniger als drei Stunden. Dabei riss sie rund 1500 Menschen in den Tod, nur etwa 700 Überlebende konnten von anderen Schiffen gerettet werden. Aufgrund der unklaren Umstände ihres Untergangs wurde die Titanic posthum zu einem der populärsten Schiffe der Geschichte, dem auch heute noch immer wieder Reportagen, Aufsätze, Bücher und Filme gewidmet werden. Dabei wurden allerdings schon so viele Lügen über den Riesendampfer und seine Katastrophe verbreitet wie wohl über kein anderes Schiff seit vielleicht dem Fliegenden Holländer.

Eine verbreitete Lüge dreht sich um die angebliche Unsinkbarkeit des Ozeanriesen. Immer wieder wird behauptet, die Reederei hätte das Schiff als „unsinkbar" beworben, doch für eine echte Unsinkbarkeit sei die Titanic falsch konstruiert gewesen. Beides ist gelogen. Zwar hat man die Titanic als besonders sicher angepriesen – was sie wohl auch wirklich war , aber als „unsinkbar" hat auch die Reederei den Dampfer vor seiner verhängnisvollen Jungfernfahrt nicht hingestellt. Die Formulierungen hießen wohl eher „beinahe unsinkbar" oder „so unsinkbar wie möglich", auch wenn das ebenfalls nur PR-Gags waren. Denn kein Schiff auf der Welt ist unsinkbar, das ist physikalisch gar nicht möglich. Die Titanic war in ihrem Innenraum durch wasserdichte Schotten in 16 Abteilungen unterteilt. Bei dem Unfall wurden die ersten fünf Abteilungen geflutet, die sechste konnte immerhin noch eine Zeit lang durch Pumpen stabilisiert werden. So lag das Schiff nach vorne geneigt eine ganze Zeit, ohne dass mehr Wasser eindrang. Die Titanic ist also nicht gesunken, weil das eindringende Wasser die Schotten nach oben hin überspült hätte. Vielmehr sind spätere Wassereinbrüche über andere Wege erfolgt, etwa über zerberstende Bullaugen, Versorgungswege innerhalb des Schiffs und vor allem durch Risse im genieteten Rumpf. Diese sind durch den Zusammenprall mit dem Eisberg durch die enormen Kräfte entstanden, die das Schiff durch die Neigung nach vorne aushalten musste und die letztlich dann zum

Zerbrechen des Rumpfes in zwei Teile geführt haben. Es gab also trotz bis heute immer wieder geäußerter gegenteiliger Behauptungen keinen Konstruktionsfehler der Titanic. Im Gegenteil übererfüllte das Schiff sogar die amtlichen Sicherheitsanforderungen. Es hielt sich sogar noch mit fünf nebeneinanderliegenden vollgelaufenen Abteilungen, was mehr als außergewöhnlich war. Die meisten Schiffe jener Zeit kenterten schon bei einem Wassereinbruch in mehr als drei nebeneinanderliegende Abteilungen.

Eine weitere Lüge betrifft die Art des Lecks, das der Eisberg in den Rumpf des Ozeanriesen gerissen hat. In vielen Darstellungen wird der 270 Meter lange Schiffsrumpf auf einer Länge von über 90 Metern wie mit einer Trennscheibe aufgeschlitzt. Da denkt jeder natürlich gleich, dass es bei einem so riesigen Leck kein Wunder war, dass das Schiff so schnell sank. Doch wenn das Leck wirklich so lang gewesen wäre, dann wäre die Titanic nach einem vernichtenden Wassereinbruch noch viel schneller gesunken und dabei wahrscheinlich auch gekentert. Untersuchungen am Bug des Schiffswracks sind sehr schwierig, da sich der Bug beim Untergang in fast 4000 Metern Tiefe mit einer Geschwindigkeit von bis zu 80 Stundenkilometern in den Meeresboden gebohrt hat. Mit Tauchbooten und modernster Sonartechnik konnten im Jahre 1996 sechs einzelne Lecks ausgemacht werden, die auf den ersten Blick gar nicht so groß erschienen. Alle zusammen hatten eine Fläche von nur rund 1,2 Quadratmetern. Das ist nicht mehr als die Fläche eines kleineren Esstischs für zwei Personen, reichte aber aus, um das seinerzeit größte Schiff der Welt zu versenken. In sieben Metern Tiefe reichten diese Lecks bei der hohen Geschwindigkeit allerdings schon aus, um pro Sekunde 400 Kubikmeter Wasser in das Innere des Schiffs zu drücken. Das sind 400 Millionen Liter pro Sekunde! In wenigen Sekunden sind die ersten fünf Abteilungen vollgelaufen, später auch die sechste. Doch waren die Abteilungen nicht völlig dicht, sodass das Wasser über Luken und Schächte weiter nach oben hin steigen konnte, bis schließlich der gesamte vordere Teil des Schiffes geflutet war. Der Bug sank immer tiefer, und gleichzeitig begann sich das Heck zu heben. Für eine solche Belastung des Rumpfes ist kein Schiff gebaut. Bald bildeten sich entlang der Nietstellen erste Risse, durch die Wasser eindrang, was den ganzen Prozess noch beschleunigte, bis der Rumpf zerbrach.

Wiederum um die Konstruktion des Schiffes rankt sich eine weitere Lüge. Der Reederei wurde vorgeworfen, das

Die 269 Meter lange, 53.000 Tonnen schwere und 51.000 PS starke RMS Titanic war bei ihrer Indienststellung am 2. April 1912 das größte Schiff der Welt.

Ruder der Titanic wäre für ein Schiff dieser Größe viel zu klein gewesen. Deshalb hätte die Titanic bei dem Ausweichmanöver viel zu träge reagiert und deshalb den Eisberg überhaupt erst gerammt. In der Tat hatten andere Schiffe wie etwa die Lusitania und die Mauretania der Cunard-Linie im Verhältnis zu ihrer Länge größere Ruder als die Titanic. Das lag aber daran, dass sich der britische Staat beim Bau dieser Schiffe finanziell beteiligt hatte, um sie in einem Kriegsfall als Truppentransporter nutzen zu dürfen. Als solcher ist die Lusitania dann ja 1915 auch zu trauriger Berühmtheit gelangt, als sie am 7. Mai mit 1200 Passagieren an Bord vor der Südküste Irlands von einem deutschen U-Boot versenkt wurde. Beim Bau der Lusitania und der Mauretania wurden militärische Konstruktionsprinzipien zugrunde gelegt, und die sahen wegen der besseren Manövrierfähigkeit größere Ruder vor. Nach den Maßstäben für die zivile Seefahrt hingegen war das Ruder der Titanic völlig ausreichend.

Einige Lügen rund um den Untergang der Titanic betreffen das Verhalten des bei dem Unglück ebenfalls ums Leben gekommenen Ersten Offiziers William M. Murdoch, der das Ausweichmanöver des Giganten befehligte. Zuerst hieß es, Murdoch hätte die Maschinen rückwärts laufen lassen und den Zusammenstoß dadurch verschlimmert. Doch die Zeit zwischen der Sichtung des Eisbergs und dem Zusammenprall hätte für ein Umsteuern der Maschinen gar nicht ausgereicht – zumal die entsprechenden Stationen wahrscheinlich gar nicht besetzt waren, weil das Manöver „Volle Kraft zurück" auf offener See praktisch nie vorkommt. Zudem hätte es im Heckbereich zu starken Vibrationen geführt, von denen aber kein Überlebender berichtet hat. Die Maschinen hatten also auf die Kollision wohl keine Auswirkungen. Erst nach dem Unfall liefen die Maschinen dann rückwärts, um das Schiff zum Stillstand zu bringen. Wieder andere Kritiker setzten die Lüge in die Welt, Murdoch hätte gar nicht ausweichen dürfen und den Eisberg frontal rammen müssen. Dann wären zwar die vordersten drei Abteilungen total zerstört worden, aber das Schiff wäre schwimmfähig geblieben. Das kann natürlich im Nachhinein nicht mehr überprüft werden. Fest steht, dass Murdoch in einem solchen Fall das Leben der Menschen, die sich im Vorderteil des Schiffes aufhielten, bewusst geopfert hätte, ohne zu wissen, ob diese Maßnahme Erfolg gehabt hätte. Eine solche Handlung liegt sicherlich nicht im Ermessen eines Ersten Offiziers – zumal wenn er der Meinung ist, dass die Entfernung zum Ausweichen noch ausreicht.

Die größte Lüge überhaupt stammt aus dem deutschen Propandafilm „Titanic" von 1943 und lautet: „Die Passagiere der Titanic mussten sterben, weil der Kapitän das Blaue Band" erringen wollte. Obwohl offenkundiger Unsinn, hält sich diese Theorie erstaunlicherweise bis heute. Dabei sagt ein Blick auf die Zahlen eigentlich schon alles: Das Blaue Band, der imaginäre Preis für die schnellste Ozeanüberquerung zwischen Südwestengland und New York, hatte seit 1909 die Mauretania mit einer Durchschnittsgeschwindigkeit von gut 26 Knoten inne. Die Mauretania hatte 78.000 PS, vier Propeller, war 32.000 Tonnen schwer und maximal 28 Knoten schnell. Demgegenüber hatte die Titanic nur 51.000 PS, drei Propeller, war dafür aber fast 50.0000 Tonnen schwer und schaffte höchstens 21 Knoten. Wie hätte sie da der Mauretania das Blaue Band entreißen sollen? Ohrenzeugen wollen allerdings gehört haben, dass der sich an Bord befindliche Vertreter der Cunard-Reederei J. Bruce Ismay Kapitän Smith aufgefordert haben soll, möglichst schnell zu fahren. Möglicherweise ging es um einen internen Wettstreit mit der in Gegenrichtung fahrenden Olympic, dem Schwesterschiff der Titanic.

„Der Untergang der Titanic" ist ein zeitgenössischer Kupferstich des deutschen Marinemalers Willy Stöwer (1864–1931) aus dem Jahre 1912.

Jedenfalls es ist eindeutig so, dass die Titanic auf ihrer Jungfernfahrt viel zu schnell unterwegs war, vor allem angesichts der zahlreichen Eiswarnungen. Allerdings erreichten sie den Kapitän gar nicht alle, denn der Funker war vor allem mit der Übermittlung privater Botschaften der illustren Passagiere beschäftigt.

Die absurdeste Lüge behauptet jedoch, dass da unten am Meeresgrund gar nicht die Titanic liegt, sondern ihr Schwesterschiff Olympic. Das war nämlich am 20. September 1911 bei einem Zusammenstoß mit dem britischen Kriegsschiff Hawke schwer beschädigt worden und lag nun in der Werft in Belfast neben der Titanic, um repariert zu werden. Dabei sollen einfach die Namen ausgetauscht worden sein, um die Reparaturkosten zu sparen, die beschädigte Olympic als Titanic untergehen zu lassen und die Titanic als Olympic weiterzubetreiben. Doch geborgene Teile von dem Wrack zeigen eindeutig die Baunummer 401 der Titanic und nicht die 400 der Olympic.

„DEUTSCHLAND TRÄGT DIE ALLEINIGE SCHULD AM KRIEGSAUSBRUCH ..."

Warum Deutschland nicht allein schuld am Ersten Weltkrieg war

Manche Lügen helfen unbeabsichtigt einfach den falschen Leuten. Als die Franzosen 1919 darauf bestanden, zur Legitimation der hohen Reparationsforderungen im Versailler Vertrag die Alleinschuld Deutschlands am Ausbruch des Ersten Weltkrieges festzuschreiben, setzten sie eine Lüge in die Welt, die stark zur Destabilisierung der Demokratie in der Weimarer Republik beitrug und den innenpolitischen Feinden der jungen deutschen Republik ungewollt starke Munition lieferte. So machten die Nationalsozialisten – vermengt mit dem Lügengebäude ihrer Ideologie – daraus die „Kriegsschuldlüge", die eng mit der „Dolchstoßlegende" verknüpft wurde und die mit ihr zusammen auf die Vernichtung der Weimarer Republik abzielte. Nicht nur die Nationalsozialisten, sondern fast die gesamte deutsche Öffentlichkeit bis hin zu den Sozialdemokraten, die den Krieg durch ihre Politik unterstützt hatten, hielten nach 1918 Deutschland für unschuldig am Ausbruch des Ersten Weltkrieges. Allgemein bestand weiterhin die Auffassung der Obersten Heeresleitung von 1914, dass Deutschland in Notwehr gehandelt habe und durch die russische Generalmobilmachung vom 30. Juli 1914 zu einem Präventivkrieg gezwungen gewesen sei. Diese strikte Kriegsunschuldsbehauptung, die jegliche deutsche Verantwortung für den Kriegsausbruch leugnete, war eine genauso große Lüge wie die französische These von der deutschen Alleinschuld. Im Vereinigten Königreich rückte man in den 1930er-Jahren davon ab und vertrat vor allem während der Appeasement-Politik nun die Theorie, keiner der beteiligten Staaten hätte den Krieg gewollt, die Regierungen seinen aufgrund ihrer Bündnisverpflichtungen mehr oder weniger automatisch in den unvermeidbaren Weltkrieg hineingeschlittert. Auch das war eine Lüge, die dem Umstand geschuldet ist, dass die britische Appeasement-Politik um beinahe jeden Preis einen Ausgleich mit dem immer aggressiver auftretenden Nazi-Deutschland suchte. Vielleicht lag es an der kurzen zeitlichen Distanz, vielleicht auch an den noch immer weiter wirkenden tieferen Ursachen für den Ersten Weltkrieg – jedenfalls ist in der Zeit zwischen den Kriegen in keinem der beteiligten Länder eine wissenschaftliche Aufarbeitung der Kriegsgründe erfolgt, die diesen Namen verdient hätte. Jede historische Auseinandersetzung konzentrierte sich stets nur auf die Ereignisse des Juli 1914, also tatsächlich auf den Ausbruch des Krieges und nicht auf seine tieferen Ursachen und seine Entstehungsgeschichte in den Jahrzehnten zuvor.

Nach 1933 ging die nationalsozialistische „Kriegschuldlüge" im Rahmen der nun stattfindenden Geschichtsumdeutung und Geschichtsklitterung in das allgemeine Lügengebäude der ideologisch geprägten Geschichtsdarstellung ein, in der Deutschland das „Opfer" einer „Verschwörung des internationalen Bolschewismus und Finanzjudentums" war – was auch immer mit dieser wirren Theorie im Einzelnen gemeint gewesen sein soll. Im Dritten Reich fand diese Geschichtsdarstellung jedenfalls bis in die höchsten wissenschaftlichen Kreise großen Anklang. In der jungen Nachkriegszeit trat die Frage nach der Schuld am Ersten Weltkrieg verständlicherweise zunächst in den Hintergrund. Zu groß war der Schock, den der Zweite Weltkrieg mit seinen unfassbaren Gräueln hinterlassen hatte und den man nun erst einmal überwinden musste. Wenn die Kriegsschuldfrage doch einmal aufkam, vertraten die Historiker die überwiegend militärhistorisch geprägten Positionen der Zwischenkriegszeit: Deutschland sei wie alle anderen Länder eben ungewollt in diesen Konflikt hineingeraten, von einem geplanten Überfall des Kaiserreiches auf seine Nachbarstaaten könne keine Rede sein.

Genau das behauptete im Jahre 1961 in seinem Buch „Der Griff nach der Weltmacht" dann aber der Hamburger Historiker Fritz Fischer und schreckte die vereinigte Historikerzunft Westdeutschlands aus ihrem kollektiven Tiefschlaf. Aufgrund der Untersuchung der deutschen Kriegsziele kam er zu dem Fazit: „Da Deutschland den österreichisch-serbischen Krieg gewollt, gewünscht und gedeckt hat und, im Vertrauen auf die deutsche militärische Überlegenheit, es im Jahre 1914 bewusst auf einen Konflikt mit Russland und Frankreich ankommen ließ, trägt die deutsche Reichsführung einen erheblichen Teil der historischen Verantwortung für den Ausbruch eines allgemeinen Krieges." Damit löste Fischer eine teilweise erbittert geführte Debatte unter den deutschen Historikern aus, die bis weit in die 1980er-Jahre hinein andauerte. Am Ende hat sich die Sichtweise Fischers grundsätzlich durchgesetzt, auch wenn sie um viele sozialhistorische Aspekte ergänzt und so modifiziert wurde. Auch heute noch werden die Ursachen für den Ausbruch des Ersten Weltkrieges diskutiert, stellte dieser Krieg doch in vielfacher Hinsicht einen tiefen Einschnitt in die Geschichte der Menschheit dar. Immerhin hat sich durch ihn das ganze politische, soziale und militärische Weltgefüge gewandelt. Er veränderte die Art der Kriegführung und das internationale Kräftesystem, aber durch das Aufkommen der Ideologien auch die politische Philosophie und die politische Kultur.

Ausgelöst wurde der Erste Weltkrieg gar nicht so sehr durch direkte imperiale Konflikte in den Kolonialgebieten, sondern durch die außenpolitischen Auseinandersetzungen in Europa selbst. Bei Konflikten in den Kolonien hatte man sich in den vergangenen

An das deutsche Volk!

Seit der Reichsgründung ist es durch 43 Jahre Mein und Meiner Vorfahren heißes Bemühen gewesen, den Weltfrieden zu erhalten und im Frieden unsere kraftvolle Entwicklung zu fördern. Aber die Gegner neiden uns den Erfolg unserer Arbeit.

Alle offenkundige und heimliche Feindschaft von Ost und West und von jenseits der See haben wir bisher ertragen im Bewußtsein unserer Verantwortung und Kraft, nun aber will man uns demütigen. Man verlangt, daß wir mit verschränkten Armen zusehen, wie unsere Feinde sich zu tückischem Ueberfall rüsten, man will nicht dulden, daß wir in entschlossener Treue zu unserem Bundesgenossen stehen, der um sein Ansehen als Großmacht kämpft und mit dessen Erniedrigung auch unsere Macht und Ehre verloren ist.

So muß denn das Schwert entscheiden.
Mitten im Frieden überfällt uns der Feind.
Nun auf zu den Waffen!
Jedes Schwanken, jedes Zögern wäre Verrat am Vaterland!

Um Sein oder Nichtsein unseres Reiches handelt es sich, das unsere Väter sich neu gründeten, um Sein oder Nichtsein deutscher Macht und deutschen Wesens. Wir werden uns wehren bis zum letzten Hauch von Mann und Roß. Und wir werden diesen Kampf bestehen, auch gegen eine Welt von Feinden. Noch nie ward Deutschland überwunden, wenn es einig war.

Vorwärts mit Gott, der mit uns sein wird, wie er mit den Vätern war!

Berlin, den 6. August 1914.

Wilhelm.

Plakat vom 6. August 1914 mit dem Text der Ansprache „An das deutsche Volk", in der Kaiser Wilhelm II. die Deutschen am 4. August 1914 zur Generalmobilmachung aufforderte.

Jahrzehnten letztlich fast immer geeinigt. Dabei hatte man die meisten Streitpunkte in den Kolonien selbst geregelt, keinesfalls die direkte Konfrontation in Europa riskiert. Doch nun geriet die Lage auf dem „alten Kontinent" außer Kontrolle. Dabei zeigte sich, dass das europäische Staatensystem mit seinen zahlreichen Bündnis-Automatismen diplomatisch und außenpolitisch unterentwickelt und zu einem Krisenmanagement schließlich kaum mehr in der Lage war. Durch die aggressive und – vorsichtig formuliert – kurzsichtige deutsche Außenpolitik unter Kaiser Wilhelm II. war das auf Isolierung Frankreichs abzielende Bündnissystem Bismarcks zerstört worden. Stattdessen hatten sich in der Zeit nach der Jahrhundertwende immer deutlicher zwei Machtblöcke herausgebildet. Dabei stand der kontinentale Block aus Deutschland und Österreich-Ungarn dem Block der Tripleentente mit Frankreich, Russland und Großbritannien gegenüber. Die Konflikte zwischen den Blöcken waren vielfältig. Deutschland und Großbritannien wetteiferten um die Herrschaft auf den Weltmeeren und veranstalteten ein gigantisches Wettrüsten. Frankreich sehnte sich nach der Niederlage von 1870/71 nach Revanche. Deutschland wiederum sah sich zwischen Frankreich und Russland eingekeilt. Für den deutschen Generalstab war es durchaus eine Option, einem möglichen Zweifrontenkrieg durch einen Präventivschlag zuvorzukommen.

Der Zündfunke, der dieses hochexplosive Pulverfass im Sommer 1914 schließlich hochjagen sollte, entstand bekanntlich durch das Attentat bosnischer Serben auf den österreichischen Thronfolger Franz-Ferdinand am 28. Juni 1914 in Sarajewo. Der Erste

Weltkrieg kam wie ein Donnerschlag über ein Europa, das nach den napoleonischen Kriegen im Gefolge der Französischen Revolution eine ungewöhnlich lange Zeit des Friedens durchlebt hatte. Es gab nur relativ wenige militärische Auseinandersetzungen, die wie etwa die deutschen Einigungskriege 1866 gegen Österreich und 1870 bis 1871 gegen Frankreich kurz waren und trotz der von ihnen ausgelösten Machtverschiebungen das Gesamtsystem in Europa zunächst nur wenig veränderten. Erst als das Deutsche Reich unter Kaiser Wilhelm II. begann, imperialistische Ansprüche auf einen „Platz an der Sonne" zu stellen, wurde das Gleichgewicht gestört. Dennoch herrschte gegen Ende des 19. Jahrhunderts in ganz Europa allen gesellschaftlichen Problemen zum Trotz gute Stimmung. Man schaute optimistisch in die Zukunft – allerdings schaute jeder nur optimistisch in die Zukunft seines eigenen Landes. Das jeweilige nationale Selbstbewusstsein der Großmächte wurde in der Vorkriegszeit vor allem durch den Imperialismus genährt und war weitgehend von Chauvinismus geprägt. Im Vertrauen auf den technologischen Fortschritt strebten alle Großmächte danach, möglichst große Teile der Welt für sich zu erobern. In diesem Geiste begannen die Europäer 1914 einen Krieg, der zum Weltkrieg werden sollte und dessen Ausgang der Vormachtstellung Europas in der Welt auch für die Siegermächte einen harten Schlag versetzte. In Europa führte er neben den Millionen von Toten und Verwundeten zu wirtschaftlichen Krisen, zur politischen Radikalisierung der Menschen, zu Revolutionen, zum Bankrott der Monarchie und zum Aufstieg der extremistischen Kräfte. Die Staatenwelt und ihre Grundlagen wandelten sich radikal. Die Kaiserreiche Deutschland und Österreich-Ungarn gingen unter und hinterließen mitten in Europa ein staatspolitisches Vakuum, das von den dort neu gegründeten Demokratien nur teilweise ausgefüllt werden konnte. Durch die militärische Niederlage und ihre Konsequenzen sowie die fortwirkenden autoritären Traditionen aus dem 19. Jahrhundert entstanden schließlich neue Formen der politischen Orientierung, die Ideologien. In ihrem Namen wurde der politischen Lüge nun völlig Tür und Tor geöffnet, denn in ihrem quasireligiösen Selbstverständnis verlangt die Ideologie vor allem eines: Glauben.

Bereits vor der Unterzeichnung des Versailler Vertrags am 28. Juni 1919 kam es vor dem Reichstag in Berlin zu Massendemonstrationen gegen den Vertrag, wie hier am 15. Mai 1919.

„DIE JUDEN SIND UNSER UNGLÜCK"

Das verbrecherische ideologische Lügengebäude der Nationalsozialisten

Die wahrscheinlich größte, auf jeden Fall aber wohl verbrecherischste Lüge der Weltgeschichte ist die nationalsozialistische Ideologie. Sie besteht aus so vielen einzelnen Lügen, dass man sie nur noch als gigantisches Lügengebäude bezeichnen kann. Dabei bedienten sich die Nationalsozialisten in allen Bereichen: So nahmen sie zum Beispiel die Evolutionstheorie Darwins aus der Biologie, vermengten sie mit älteren rassistischen Lügen etwa über die Juden und kamen so zu ihrer vulgärbiologistischen Rassenideologie, einem zentralen Pfeiler ihres Lügengebäudes. Nun war der Antisemitismus keine „Erfindung" des Nationalsozialismus. Judenverfolgungen gab es schon in der Antike. Und auch im Mittelalter hatten die Juden oft unter dem latenten Antisemitismus zu leiden, der sich oft genug in brutalen Pogromen entlud. Zur Rechtfertigung gingen die Christen dann nur zu gerne auf die altbekannten Lügen zurück, die man sich über die Juden schon seit Jahrhunderten erzählte.

Mit Fug und Recht kann wohl davon ausgegangen werden, dass über keine Religionsgemeinschaft in der Geschichte der Menschheit so viele Lügen verbreitet worden sind wie über die Juden. Eine der schlimmsten Lügen im Zusammenhang mit der Judenfeindlichkeit im Mittelalter behauptet, dass die Juden angeblich unveränderliche negative Eigenschaften besitzen. Als Papst Urban II. im Jahre 1095 auf der Synode von Clermont mit den Worten „Deus lo vult!", „Gott will es!" – übrigens auch das eine Lüge – zum Ersten Kreuzzug aufrief, kam es bald darauf an vielen Orten des Heiligen Römischen Reiches zu schweren Ausschreitungen gegen Juden. Die von der Idee der bewaffneten Pilgerfahrt zur Befreiung der heiligen Stätten von den Moslems begeisterten Massen nahmen eine der ältesten Lügen über die Juden als „Jesusmörder" auf, um an der jüdischen Bevölkerung unbeschreibliche Gräuel zu begehen. Zudem wurden auch immer Lügen verbreitet, die den Juden die Schuld an allen möglichen Unglücken gaben. So führte die große Pestwelle des Mittelalters im 14. Jahrhundert überall zu solch brutalen Pogromen, dass es am Ende des 14. Jahrhunderts in ganz Deutschland und in den Niederlanden fast keine Juden mehr gab. Aber auch im Zusammenhang mit anderen Epidemien wurde immer wieder die Lüge vom jüdischen „Brunnenvergifter" verbreitet, der die Schuld an den Krankheiten trägt.

Im Zeitalter des Imperialismus am Ende des 19. Jahrhunderts wurde der Antisemitismus im Rahmen eines umfassenderen Rassismus in Deutschland hoffähig. Die Deutschen wollten unter dem neuen Kaiser Wilhelm II. nun auch bei den führenden Großmächten mitmischen. Dazu brauchte man nach damaligem Verständnis aber mindestens ein paar Kolonien, um überhaupt ernst genommen zu werden. Da man aber keine Kolonien hatte, betrachtete man sich als „zu spät gekommene Großmacht". So forderten der deutsche Außenminister und spätere Reichskanzler Bernhard von Bülow 1897: „Mit einem Worte: Wir wollen niemand in den Schatten stellen, aber wir verlangen auch unseren Platz an der Sonne." In der Folgezeit versuchte das Deutsche Reich mit aggressiven Mitteln, einige Kolonien zu erwerben, was auch gelang. Zwar waren diese weitgehend nutzlos und bestanden aus abgelegenen Sümpfen und Fieberküsten, die keine andere Großmacht haben wollte, aber immerhin kamen die Deutschen nun mit anderen Menschenrassen in Berührung. Irgendwie musste man nun aber auch moralisch und ethisch begründen, woher die Europäer das Recht nahmen, alle anderen Völker dieser Erde zu beherrschen, zu unterdrücken und auszuplündern. Schnell schloss man sich in Deutschland der bereits in den anderen Kolonialstaaten verbreiteten Lüge von der Überlegenheit der weißen Rasse über die „Hottentotten" an, wie man in der wilhelminischen Zeit zunächst Afrikaner und später allgemein Menschen aus den Kolonien nannte.

In den Vereinigten Staaten von Amerika waren solche Theorien als moralische Rechtfertigung der Sklaverei schon länger bekannt.

In diesem perfiden Lügengebäude eines modernen Rassismus wurde den Juden ab Ende des 19. Jahrhunderts zunehmend der Status einer Rasse zugesprochen – eine weitere Lüge, denn die allermeisten Juden im Deutschen Reich waren brave Untertanen. Doch durch die neuen Lügen wurden sie nun als „Fremdkörper" aus der erst vor Kurzem entstandenen deutschen Nation ausgegrenzt. Zwar waren sie den „deutschen" Reichsbürgern seit 1871 offiziell rechtlich gleichgestellt, doch aufgrund gesellschaftlicher Ächtung und boshafter Verleumdung blieben ihnen bestimmte Berufe faktisch weiterhin vorenthalten – vor allem die Offiziers- und die Beamtenlaufbahn. Allerdings war ihr Bildungsniveau im Durchschnitt sehr hoch, sodass viele Juden freie Berufe ergriffen und Ärzte, Journalisten, Künstler oder Rechtsanwälte

Diese Briefmarke aus der DDR erinnert an die antisemitischen Ausschreitungen im gesamten Deutschen Reich vom 9. November 1938, die „Reichskristallnacht".

wurden oder im Handel oder bei Banken arbeiteten. Aufgrund ihres wirtschaftlichen Erfolgs zogen sie sich damit den Konkurrenzneid vieler Bürger zu. Die mittelalterliche Lüge vom Juden als „unverschämtem Wucherer" lebte wieder auf.

Für die Nationalsozialisten stellte der militante Antisemitismus einen Kernbestandteil ihrer Ideologie dar. Er bildete einen unverzichtbaren Integrationspunkt für die Aufrechterhaltung und die Ausweitung ihrer Herrschaft. Hitler selbst hatte aufgrund des latenten Rassismus – der Österreich genauso betraf wie Deutschland – schon in sehr jungen Jahren eine radikale Judenfeindschaft entwickelt, obwohl er den Deutschen vorlog, dass er erst durch die Erfahrung mit den Juden in Wien „das wahre Wesen der Juden" erkannt habe und von einem Freund der Juden zum Antisemiten geworden sei. Aber auch andere Aspekte der nationalsozialistischen Rassenideologie waren von vorne bis hinten erstunken und erlogen. Dies betrifft zum Beispiel die Lüge vom „Untermenschen". Der Begriff tauchte zwar auch vor dem Krieg schon auf, aber so richtig populär wurde er erst nach dem Einmarsch der Wehrmacht in die Sowjetunion im Sommer 1941. Um die deutsche Bevölkerung zum Hass auf die Völker der Sowjetunion anzustacheln und die Kampfmoral der deutschen Soldaten im Hinblick auf den angestrebten Vernichtungskrieg im Osten zu stärken, veröffentlichte der Reichsführer-SS Heinrich Himmler eine Broschüre mit dem Titel „Der Untermensch". Prinzipiell galten – im Gegensatz zu den germanischen „Ariern" – alle slawischen Völker als „Untermenschen". Doch da die Deutschen mit Kroatien, der Slowakei und Bulgarien auch slawische Verbündete hatte, tauchte das Wort „slawische Völker" in Himmlers Lügenpamphlet nicht auf. Auch Bilder können lügen: Zur Stärkung primitivster rassistischer Vorurteile bestand Himmlers Heft neben den verlogenen Texten vor allem aus Fotos, die entstellte sowjetische Kriegsgefangene mit fratzenhaften Gesichtern zeigten.

Der gesamte ideologische Wahnsinn der Nationalsozialisten war seit Mitte der 1920er-Jahre bekannt, denn Hitler selbst hat ihn in seinem Buch „Mein Kampf" offen dargelegt, dem verlogensten und verbrecherischsten Buch aller Zeiten. Hitler hat „Mein Kampf" in den Jahren 1924 und 1925 während seiner Festungshaft in Landsberg und direkt nach seiner Entlassung geschrieben. Das Machwerk strotzt von vorne bis hinten vor Lügen, vor allem hinsichtlich seiner eigenen Biografie. So behauptet Hitler, ursprünglich ein Judenfreund gewesen zu sein, der dann erst durch die eigene Anschauung und seine Erfahrungen in Linz und vor allem aber in Wien zum Antisemiten geworden zu sein. Das ist glatt gelogen, denn Hitler stammte aus einem stramm autoritären und antisemitischen Elternhaus und hasste die Juden aufgrund der Tiraden seines gewalttätigen Vaters, der keinen Widerspruch duldete, schon von Kindheit an. Allerdings war die Herkunft seines Vaters lange Zeit unklar. Damals bestand noch die heute allerdings als widerlegt geltende Möglichkeit, dass Alois Hitler das uneheliche Kind eines jüdischen Grazer Kaufmanns und sein Sohn Adolf nach dessen eigenem Rassenwahn ein „Vierteljude" war. Deshalb versuchte Hitler auch zeitlebens, seine eigene Herkunft zu vertuschen. So verbot er allen noch lebenden Verwandten, in der Öffentlichkeit eine Verbindung zu ihm herzustellen. Nach dem Anschluss Österreichs ließ er zudem die Geburtsdörfer seiner Eltern und Großeltern dem Erdboden gleichmachen, damit niemand seine wahre Herkunft erforschen konnte.

In „Mein Kampf" legte Hitler durch die Konstruktion eines auf die menschlichen Rassen bezogenen Vul-

Trauriger Höhepunkt des verbrecherischen nationalsozialistischen Rassenwahns: Impression aus der Gedenkstätte im ehemaligen Vernichtungslager Auschwitz.

gärdarwinismus die Grundlagen für die nationalsozialistische Rassenideologie und damit für die spätere Verfolgung und Ermordung der Juden. Dabei benutzte er Begriffe wie „Parasiten", „Schmarotzer", „Bazillen" und „Vampire" und sprach den Juden damit jeglichen Anspruch auf Humanität ab. Juden waren jetzt keine Menschen mehr und noch nicht einmal mit Tieren gleichzusetzen, sondern „Krankheitserreger, die eher früher denn später beseitigt" werden müssten. Dabei zeichnete Hitler in seinem paranoiden Wahn das Bild einer jüdischen Weltverschwörung, deren Ziel die Knechtung Deutschlands und letztlich die Weltherrschaft sei. Zu diesem Zweck bediene sich „der Jude" sowohl des angeblich jüdischen Bolschewismus als auch des internationalen Börsenkapitals. Der zweite Teil dieses Lügengewirrs beschäftigte sich mit der Forderung nach neuem Lebensraum für das deutsche Volk, der nötig sei, sobald der bisherige Lebensraum nicht mehr ausreiche. Er beschrieb aus seiner Sicht das als Bolschewismus bezeichnete System der Sowjetunion und forderte deren Zerschlagung durch einen Eroberungskrieg, der auch als Rassenkrieg gegen die „Untermenschen" bezeichnet wurde.

„SEIT 5 UHR 45 WIRD JETZT ZURÜCKGESCHOSSEN"

Die Entfesselung des Zweiten Weltkrieges

Es gibt Momente, in denen eigentlich immer gelogen wird. So fängt fast jeder Krieg mit einer Lüge an. Das war beim Zweiten Weltkrieg nicht anders. Auch Taten können lügen: Als Rechtfertigung für den Polenfeldzug inszenierte die deutsche Seite den fingierten Überfall angeblicher polnischer Soldaten auf den deutschen Sender Gleiwitz an der deutsch-polnischen Grenze. In seiner Rundfunkansprache zum Kriegsbeginn log Hitler den Deutschen vor, dass polnische Soldaten das Deutsche Reich angegriffen hätten und man sich nun verteidigen müsse: „Polen hat nun heute Nacht zum ersten Mal auf unserem eigenen Territorium auch mit bereits regulären Soldaten geschossen. Seit 5 Uhr 45 wird jetzt zurückgeschossen! Und von jetzt ab wird Bombe mit Bombe vergolten!"

Anders als der Erste Weltkrieg ist der Zweite Weltkrieg nicht so plötzlich mit aller Gewalt wie ein explodierendes Pulverfass ausgebrochen, sondern wurde – zunächst getarnt als Revision der Versailler Friedensvertrags von 1919 – allmählich entfesselt. Und er war auch nicht von Anfang an ein Weltkrieg. Allgemein wird zwar der deutsche Überfall auf Polen am 1. September 1939 als Beginn des Zweiten Weltkrieges angesehen, doch handelte es sich im Grunde genommen bis 1941, bis zum Ausbruch des Krieges im Pazifik und dem Kriegseintritt der USA, im Wesentlichen um einen europäischen Krieg. Zwar konnten die Alliierten von Anfang an auf die Ressourcen ihrer Kolonialreiche zurückgreifen, die Kampfhandlungen fanden aber fast ausschließlich in Europa statt. So wie der Beginn des Polenfeldzugs wurden sowohl die Entfesselung des Krieges als auch seine Ausweitung zum Weltkrieg von zahlreichen Lügen begleitet.

Von Anfang an machte Hitler das europäische Ausland glauben, ihm gehe es einzig und allein um die Revision des Versailler Vertrags. Dass dies eine glatte Lüge war, wurde in den europäischen Nachbarländern zu diesem Zeitpunkt nicht klar erkannt, weil man in den meisten europäischen Hauptstädten den Versailler Vertag ebenfalls als ungerecht und zu hart empfand. In Wirklichkeit diente die deutsche Außenpolitik bis 1939 ausschließlich der Vorbereitung für den von Hitler geplanten europäischen Großkrieg und verfolgte dazu zunächst zwei Hauptziele. In erster Linie sollte Deutschland eine strategische Ausgangsbasis erhalten, die einen größeren Angriffskrieg nach Osten überhaupt erst möglich machte. Dafür ergab sich gleich Anfang 1933 eine günstige Perspektive, als die Briten allgemeine Abrüstung forderten, Deutschland aber militärische Gleichberechtigung zugestehen wollten. Das hätte zumindest die erste Phase der Aufrüstung völkerrechtlich legalisiert. Um das Ausland zu beruhigen, verlängerte Hitler prompt den Freundschaftsvertrag mit der Sowjetunion und hielt eine zutiefst verlogene „Friedensrede", in der er den Pazifisten gab. Aber die britische Initiative scheiterte schließlich am erbitterten Widerstand Frankreichs, und so trat das zweite Hauptziel in den Vordergrund: die Schwächung eines jeglichen kollektiven Sicherheitssystems, das ihn in seinen Aggressionsplänen hinderte, namentlich des Völkerbundes. Die europäischen Staaten sollten im Zustand der Anarchie verharren, sodass Hitler sich jedem einzelnen je nach Belieben „widmen" konnte. Hier kam ihm natürlich die strukturelle Schwäche des Völkerbundes entgegen. In der Logik des nationalsozialistischen Denkens trat das Deutsche Reich folgerichtig als eine der ersten außenpolitischen Handlungen bereits 1933 aus dem Völkerbund aus.

Von den Großmächten spielte Großbritannien eine entscheidende Rolle. Frankreich war derart klar als „Erzfeind" und Gegner definiert, dass nur eine militärische Konfrontation infrage kam. Mit London aber dachte Hitler ins Geschäft zu kommen. Er glaubte, dass die „rassisch verwandten" Engländer nicht wirklich gegen eine deutsche Expansion im Osten vorgehen würden. Einen ersten Erfolg glaubte der Diktator mit einer Vereinbarung über die Flottenrüstung erreichen zu können. Am 18. Juni 1935 kam es zur Unterzeichnung des deutsch-britischen Flottenabkommens. Deutschland sagte zu, seine Schlachtflotte künftig höchstens bis zu einem Drittel der britischen auszubauen. Bei den U-Booten vereinbarte man hingegen Gleichberechtigung. Hitler fuhr danach mit seiner riskanten und aggressiven Außenpolitik fort. Das nächste Ziel stellte das durch den Versailler Vertrag entmilitarisierte Rheinland dar, die Waffenschmiede des Reiches. Hitler ließ am 7. März 1936 Truppenverbände der Wehrmacht einmarschieren und brach damit wie schon zuvor bei der Einführung der Wehrpflicht und der offiziellen Aufstellung der Luftwaffe das Völkerrecht – ohne Konsequenzen, denn niemand wollte für diese Verletzungen des Versailler Vertrags einen neuen Krieg in Europa riskieren.

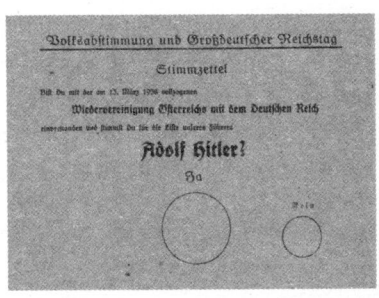

Stimmzettel zur Volksabstimmung über die Vereinigung Österreichs mit dem Deutschen Reich, gleichzeitig aber auch Wahlzettel für die Wahl zum Deutschen Reichstag vom 13. März 1938.

Einstweilen setzte Hitler seine Gewalttour durch Europa fort. Der nächste Kandidat war Österreich, das schon lange auf der Liste der „zu erledigenden" Probleme gestanden hatte. Bereits 1934 hatte das Deutsche Reich versucht, Österreich einzugliedern, aber damals war das am erbitterten Widerstand

Danziger „Landespolizisten" und Grenzbeamte stellten bei Sopot am 1. September 1939 den Abriss des polnischen Schlagbaums an der Grenze zur Freien Stadt Danzig für die NS-Propaganda nach.

Mussolinis gescheitert, der sogar Truppen am Brennerpass aufmarschieren ließ. Doch 1938 war man mit Italien verbündet, und das eröffnete in der Österreichfrage ganz neue Dimensionen. Hitler setzte die Regierung in Wien immer wieder unter Druck, bis diese im Frühjahr 1938 eine Volksabstimmung abhalten ließ, um die Deutschen fernzuhalten. Der Diktator sah eine günstige Gelegenheit zum Losschlagen, und am 12./13. März 1938 marschierte die Wehrmacht nach einer gezielten Lüge in Form eines vorgetäuschten Hilfeersuchens in Österreich ein. Die Republik wurde zerstört und Österreich Teil des Großdeutschen Reiches. Man hatte dadurch nicht nur einen entscheidenden strategischen Schritt zur Vorherrschaft in Osteuropa getan, sondern auch erhebliche wirtschaftliche und finanzielle Mittel für die heißgelaufene deutsche Rüstungsindustrie ergattert. Auch dieser Schritt wurde in Europa noch als Revision des Versailler Friedens akzeptiert. Hatte man nach dem Ersten Weltkrieg den Vielvölkerstaat Österreich-Ungarn unter dem Hinweis auf das Selbstbestimmungsrecht der Völker zerschlagen und anschließend den verbliebenen Deutsch-Österreichern genau dieses Recht verweigert, indem man ihnen den Anschluss an das Deutsche Reich verbot?

Prompt wandte sich die deutsche Außenpolitik der Tschechoslowakei zu, die durch den „Anschluss" Österreichs militärisch in einer gefährlichen Situation steckte. Als Hebel verwendete Hitler erneut das Selbstbestimmungsrecht der Völker, denn in der Tschechoslowakei lebte die drei Millionen Menschen umfassende Minderheit der Sudetendeutschen. Deren politische Organisation, die Sudetendeutsche Partei, stand völlig unter NS-Kontrolle und erhob unter ihrem Leiter Konrad Henlein nun Forderungen für eine weitgehende Unabhängigkeit vom tschechischen Staat. Die Situation eskalierte, sodass im September 1938 der Kriegsausbruch drohte. In dieser Lage unternahm der britische Premierminister Chamberlain einen verzweifelten Versuch zur Rettung der Lage und verhandelte mit Hitler in Bad Godesberg und in Berchtesgaden. Hitler willigte in eine Konferenz ein, die unter Beteiligung von Mussolini und dem französischen Premierminister Daladier Ende September in München stattfand. Die Tschechoslowakei musste das Sudetenland, das fast die gesamten westlichen Grenzgebiete mit umfangreichen Verteidigungsanlagen umfasste, an Deutschland abtreten. Damit war das Land praktisch wehrlos.

Doch nun zeigten die Nationalsozialisten ihr wahres Gesicht, das sie sechs Jahre lang hinter der Lüge von der Revision des Versailler Vertrags versteckt hatten. Hitler war nämlich über die Ergebnisse der Münchner Konferenz außer sich vor Wut, denn er hätte lieber eine gewaltsame Lösung mit einer Besetzung der gesamten Tschechoslowakei und deren Nutzung als Aufmarschgebiet für die nächsten Aggressionen gesehen. Daher ordnete er die weitere Okkupation an. Diese erfolgte am 15. März 1939. Die „Tschechei" wurde als „Protektorat Böhmen und Mähren" in das Reich eingegliedert, die Slowakei hingegen als deutscher Vasallenstaat neu gegründet. Das war der Wendepunkt. Nun erkannten die Westmächte – und allen voran Großbritannien –, dass mit diesem Deutschland kein dauerhafter Friede möglich war, und entschlossen sich, bei der nächsten Aggression mit Krieg zu antworten. Damit begann die unmittelbare Vorgeschichte des Zweiten Weltkrieges. Zur Absicherung des geplanten Polenfeldzugs nach Osten vereinbarte Hitler mit Stalin, dem kaum weniger niederträchtigen und verlogenen Diktator der Sowjetunion, am 23. August den berühmten Nichtangriffspakt, der selbst wieder eine riesige Lüge war, um die Welt über die wahren Absichten der beiden Diktatoren zu täuschen. Von Hitler war es sogar eine doppelte Lüge, denn ihm war zu diesem Zeitpunkt längst klar, dass er sich keinesfalls auf Dauer an den Vertrag halten würde. Mit dem deutschen Angriff auf Polen begann die Zeit der „Blitzkriege". Mit dem Angriff auf die sich über zwei Kontinente erstreckende Sowjetunion griff der Krieg im Sommer 1940 erstmals über Europa hinaus, auch wenn die Kriegsschauplätze im europäischen Teil der Sowjetunion lagen. Dies änderte sich mit dem Afrikafeldzug im Herbst 1940, in dem man erstmals außerhalb Europas kämpfte. Und mit dem Beginn der Krieges zwischen Japan und den USA im Pazifik wurde der Krieg endgültig zum Weltkrieg.

„NIEMAND HAT DIE ABSICHT, EINE MAUER ZU BAUEN"

Eine Geschichte von Lügen: die Geschichte der deutschen Teilung

Die Geschichte der deutschen Teilung beginnt direkt mit einer Lüge. Auf der Potsdamer Konferenz, auf der sich die „Großen Drei", Churchill, Truman und Stalin, im Sommer 1945 auf Schloss Cecilienhof über die Behandlung des besiegten Deutschlands verständigten, beschlossen sie, „Deutschland als wirtschaftliche Einheit" zu betrachten. Das mag in diesem Moment angesichts der anderen Themen der Konferenz zunächst nur eine relativ unbedeutende Randnotiz gewesen zu sein, entwickelte aber in den kommenden Jahren der Spaltung Deutschlands eine immense Sprengkraft. In Potsdam standen natürlich zuerst die großen Themen im Vordergrund, wie etwa die künftige territoriale Gestalt Deutschlands. Hier gelang es Stalin, die Westmächte zur Zustimmung zur Westverschiebung Polens zu bewegen. Das war schon mehr als nur Ironie der Geschichte: Die Briten, die wegen des Angriffs auf Polen gegen das Deutsche Reich in den Krieg gezogen waren, mussten nun zusehen, wie das ganze Land kaltblütig von Stalin nach Westen verschoben wurde, damit dieser – der ja ebenfalls im September 1939 in Polen eingefallen war – seine Beute aus dem verbrecherischen Pakt mit Hitler behalten konnte, nämlich den ehemaligen Ostteil Polens. Eng verbunden damit war die Frage der Vertreibung der deutschen Bevölkerung aus den ehemaligen Ostgebieten, die jetzt an Polen fielen. Die Vertreibung hatte zu diesem Zeitpunkt längst begonnen und wurde auf Drängen Stalins nun legalisiert.

Weitere wichtige Punkte waren die „4 D" – Denazifizierung, Demilitarisierung, Demokratisierung und Dezentralisierung. Doch schnell wurde klar, dass Stalin noch ganz andere Ziele verfolgte, als er als weitere Diskussionspunkte die Aufteilung der deutschen Kriegs- und Handelsmarine, die deutschen Reparationsleistungen sowie das Schicksal der deutschen Industrieregionen und eine sowjetische Beteiligung an deren Verwaltung in die Verhandlungen einbrachte. Es ging ihm hier in klassischer Weise um die Wiedergutmachung der immensen materiellen Schäden, die der Zweite Weltkrieg über die Sowjetunion gebracht hatte. Und so kam schnell das fünfte „D" hinzu – Demontage. Es war also schon zum Zeitpunkt des Potsdamer Abkommens klar, dass die Besatzungsmächte in ihren jeweiligen Zonen Deutschland unterschiedlich behandeln würden, weil sie ganz unterschiedliche Ziele verfolgten.

„The treatment of Germany as a whole", „Die Behandlung Deutschlands als Ganzen", das war eine Lüge, die in die Welt gesetzt wurde, um das gesamte Abkommen nicht zu gefährden, aber je mehr sich der drohende Kalte Krieg abzuzeichnen begann, umso mehr Wirkmacht erlangte sie. Denn mit den zunehmenden Spannungen zwischen den Westmächten und der Sowjetunion drifteten auch die Auffassungen über die Behandlung Deutschlands auseinander – sowohl im politischen als auch im wirtschaftlichen Bereich. Und da die Siegermächte jeder Besatzungsmacht in ihrer eigenen Besatzungszone völlig freie Hand zugestanden hatten, ist es zu einer wirtschaftlichen Behandlung Deutschlands als Ganzen nie ge-

Die „Großen Drei", Winston Churchill, Harry S. Truman und Josef Stalin, auf der Potsdamer Konferenz am 25. Juli 1945.

kommen. Dies wurde aber vor allem deshalb ein Problem, weil in der sowjetischen Zone die Versorgungslage immer schlechter wurde. Einerseits demontierten die Sowjets weite Teile der noch vorhandenen Industrie und beschlagnahmten für die Versorgung ihrer Soldaten auch einen Großteil der noch einsatzfähigen Lokomotiven und rollfähigen Waggons und schwächten ihre Besatzungszone wirtschaftlich auf diese Weise nachhaltig. Andererseits verlangten sie von den Westmächten Unterstützung bei der Versorgung der Bevölkerung im Sinne der Behandlung Deutschlands als Ganzen. Da spielten die Westmächte aber nicht mit. Die Amerikaner und die Briten hatten ihre Besatzungszonen genau aus dem Grund der Verbesserung der Versorgungslage am 1. Januar 1947 zu einer gemeinsamen Besatzungszone zusammengelegt, dem „Vereinigten Wirtschaftsgebiet", das vom Volksmund kurz als „Bizone" bezeichnet wurde. Gleichzeitig hatten sie damit aber auch bereits den Weg zu einer staatlichen Neuordnung Deutschlands vorgezeichnet. 1948 kam die französische Besatzungszone dazu, und die neue „Trizone" wurde in den Marshallplan zum Wiederaufbau Europas miteinbezogen. Währenddessen plünderten die Sowjets ihre Besatzungszone weiter aus. Mag dies auch aus verständlichen Gründen geschehen sein, die Folgen waren fatal, denn die Versorgungslage verschlechterte sich immer weiter.

In der Nacht vom 12. auf den 13. August 1961 begann die DDR mit dem Bau der Berliner Mauer, die die Stadt über 28 Jahre lang teilen sollte.

Als Stalin bemerkte, dass er seine Reparationsforderungen aus seiner Besatzungszone allein gar nicht decken konnte, verlangte er Zugriff auf das Ruhrgebiet, was die Westmächte ablehnten. Stattdessen veranstalteten sie in London eine Konferenz über die Zukunft Deutschlands, zu der Stalin gar nicht erst eingeladen wurde.

Die Gründung der Bundesrepublik begann sich abzuzeichnen und gleichzeitig damit aber auch die endgültige Spaltung Deutschlands. Auf die Einführung der D-Mark in der Westzone reagierte die Sowjetunion wenige Tage später mit der Berlin-Blockade, die beinahe ein Jahr dauerte und erst im Mai 1949 endete. Der Kalte Krieg war endgültig in Deutschland angekommen. Auf die Staatsgründung der Bundesrepublik im Mai 1949 folgte im Oktober die Gründung der DDR. Obwohl die Zonengrenzen schon seit 1946 geschlossen waren und man einen speziellen Interzonenpass für die Ausreise benötigte, kam es nach der Gründung der beiden deutschen Staaten zu einer regelrechten Fluchtwelle in den Westen, weshalb die DDR ab 1952 die innerdeutsche Grenze befestigen und schwer bewachen ließ.

Im selben Jahr mischte Stalin vor dem Hintergrund der sich abzeichnenden Westintegration Europas und der Bundesrepublik den Westen noch einmal gehörig auf. Der Sowjet-Diktator versprach den Deutschen die Wiedervereinigung, wenn sie dafür anschließend einen neutralen Staat bilden würden, der zwischen den Blöcken stand und sich keinem von beiden anschließen dürfte. Es wurde sehr kontrovers diskutiert, ob es sich bei diesem Versprechen an das deutsche Volk um einen ernst gemeinten Vorschlag oder um eine dreiste Propagandalüge handelte, mit der Stalin einfach nur die westdeutsche Gesellschaft spalten wollte. Der überwiegende Teil der Historiker geht heute davon aus, dass Stalin seinen Vorschlag nicht ernst meinte und er folglich nicht mehr als eine diplomatische „Nebelkerze" war. So hat die sowjetische Seite in den vier diplomatischen Notenwechseln des Jahres 1952 stets freie Wahlen in der DDR ausgeschlossen und einer unabhängigen internationalen Kommission für die Wahlbeobachtung die Einreise in der DDR verweigert. Es wird allgemein angenommen, dass Stalin sich durch sein verlogenes Angebot zur Wiedervereinigung letztlich doch noch Zugriff auf ganz Deutschland verschaffen wollte, denn ein neutrales Deutschland wäre für die Atommacht Sowjetunion eine wesentlich leichtere Beute als ein Deutschland mit starken westlichen Verbündeten. Und so stieß Stalins Vorschlag bei den Westmächten ebenso wie bei Bundeskanzler Adenauer auf Ablehnung. Vielleicht spielte dabei auch die Person Stalin eine Rolle: Wer schon 1939 mit Hitler verbrecherische Geheimdeals gemacht hat, dem traut man eben nicht mehr so leicht – vor allem nicht mitten im Kalten Krieg!

Was den Deutschen in einem vereinigten, neutralen Deutschland möglicherweise geblüht hätte, konnte die ganze Welt am 17. Juni 1953 sehen, als Stalin sein wahres Gesicht zeigte und den Volksaufstand in der DDR brutal niederschlagen ließ. So viel zum Thema Stalin, die Demokratie und die Wahrheit. Nach der blutigen Erfahrung von 1953 kehrten immer mehr DDR-Bürger ihrem Land den Rücken. Zwar waren die innerdeutschen Grenzen mit ihren fünf Kilometer breiten Sperrzonen gut bewacht, aber in Berlin war die Situation anders. Die vier Sektoren waren im Prinzip offen, um die ebenfalls im Potsdamer Abkommen festgelegte völlige Bewegungsfreiheit von Angehörigen der Siegermächte in allen Sektoren zu garantieren. Die Ostberliner Polizei im sowjetischen Sektor nahm zwar regelmäßig intensive Straßenkontrollen von verdächtig wirkenden Personen vor, doch waren die Sektorengrenzen nicht zu kontrollieren. Immerhin betrugen die Grenzen Westberlins zu den Vorstädten im Umland und zu Ostberlin rund 120 Kilometer. So entwickelte sich Westberlin in der zweiten Hälfte der 1950er-Jahre zum kaum zu kontrollierenden Schlupfloch, durch das man noch verhältnismäßig leicht in den Westen und damit in die Freiheit gelangen konnte. Man schätzt, dass von 1945 bis zum Bau der Berliner Mauer 1961 rund 3,5 Millionen Menschen über Berlin in den Westen flüchteten – das ist mehr als die Einwohnerzahl der ehemaligen Reichshauptstadt. Für die DDR begann die Massenflucht ihrer Bürger am Ende der 1950er-Jahre allerdings bedrohlich zu werden. Denn wie so oft waren es nicht die trägen, lethargischen und schlecht ausgebildeten Menschen, die die riskante Flucht wagten, sondern die aktiven Menschen mit einem hohen Bildungsniveau und meist einer guten Ausbildung. Mit anderen Worten: Der DDR liefen ihre wichtigsten Leute weg – darunter viele Ärzte, Ingenieure und Facharbeiter. Im Frühsommer 1961 sickerte durch, dass die DDR-Führung diese Situation durch eine drastische Maßnahme beenden wollte, nämlich durch die vollständige Abriegelung der Sektorengrenze. Als eine westdeutsche Journalistin den DDR-Staatsratsvorsitzenden Walter Ulbricht danach fragte, sprach dieser den berühmt gewordenen Satz: „Niemand hat die Absicht, eine Mauer zu bauen." Verräterisch: Die Journalistin hatte gar nicht explizit nach einer Mauer gefragt, doch Ulbricht selbst hatte das Wort als Erster benutzt. Das war natürlich eine der dreistesten Lügen überhaupt, denn wenige Wochen später war die Mauer da. Und sie sollte über 28 Jahre bleiben.

„MR. PRESIDENT, MAN KANN NICHT SAGEN, DASS DALLAS SIE NICHT LIEBT ..."

Lügen und Verschwörungstheorien rund um die Ermordung von J. F. Kennedy

Das Letzte, was der 35. US-Präsident John F. Kennedy bei seinem Besuch am 22. November 1963 in Dallas zu hören bekam, war eine Lüge. Angesichts der vielen freundlich winkenden Menschen am Straßenrand drehte sich Idanell Brill Conally, die Frau des texanischen Gouverneurs John B. Connally, in ihrem Auto zu Präsident Kennedy um und sagte: „Mr. President, man kann nicht sagen, dass Dallas Sie nicht liebt." Daraufhin sprach Kennedy seine letzten Worte: „Nein, das kann man ganz sicher nicht sagen." Kurz darauf war er tot, sein Hals und sein Kopf von zwei Gewehrkugeln zerfetzt. Die Bilder gingen wie eine Schockwelle um die Welt. Der erste Schuss verfehlte Kennedy, der zweite traf ihn in den Hals. Der dritte Schuss traf ihn in den Kopf und brachte dessen rechte Hälfte zum Platzen. Die Welt wurde Zeuge, wie die Präsidentengattin Jackie Kennedy auf das Heck des offenen Wagens kletterte und die dorthin gespritzte Hirnmasse des sterbenden Präsidenten einsammelte, während der Wagen davonraste.

Ganz so sehr geliebt hat Dallas den Präsidenten also doch nicht. Im Gegenteil – in dieser Stadt, die als Hochburg des Ultra-Konservatismus und als Brutstätte von rechter Gewalt und Rassismus galt, wurden mehr Lügen über den demokratischen Präsidenten verbreitet als in jeder anderen Großstadt der USA. So hatten etwa anonyme Rechtsradikale ein Flugblatt in Form eines Steckbriefs verteilt, auf dem Kennedy wegen Hochverrats gesucht wurde. Der mindestens rechtskonservative „Ermittlungsausschuss frei und amerikanisch denkender Bürger" verbreitete seine Lügen sogar in Form einer Zeitungsanzeige, die am Tag des Kennedy-Besuchs erschien und dem Präsidenten wegen seiner Kubapolitik und seiner Haltung in der Kubakrise vorwarf, er würde „die Monroe-Doktrin zugunsten des ‚Geistes von Moskau' verschrotten". Einen Monat zuvor hatte der rechtsradikale und rassistische US-General Edwin Walker, der auch Mitglied in der rechtsradikalen John Birch Society war, die absurde Lüge in die Welt gesetzt, Kennedy wolle die Souveränität

Der charismatische US-Präsident John F. Kennedy empfing am 13. März 1961 den da-maligen regierenden Bürgermeister von Berlin, Willy Brandt, im Weißen Haus.

der Vereinigten Staaten an die UNO übergeben. Dies sei aber Hochverrat, zumal die UNO in Wahrheit eine kommunistische Verschwörung sei. Einen Tag später wurde der US-Botschafter bei den Vereinten Nationen, Adlai Stevenson, im Dallas Memorial Auditorium von einem wütenden Mob bespuckt und schließlich sogar mit Protestschildern geschlagen.

Bei so viel Hass und so haarsträubenden Lügen verwundert nicht, dass es in der aufgeheizten politischen Atmosphäre einer Stadt mit einem derart großen rechtsradikalen Bodensatz am Ende tatsächlich zu einem Attentat kommen konnte. Das galt aber auch noch für andere Städte im Süden der USA. So musste ein Autokorso des Präsidenten, der nur eine Woche vor Kennedys Ermordung in Miami, der Hauptstadt von Florida, stattfinden sollte, wegen konkreter Hinweise auf ein direkt bevorstehendes Attentat abgesagt werden. Nicht nur Dallas, auch andere Städte in den Südstaaten liebten Kennedy anscheinend nicht. Das war dem in anderen Teilen der USA überaus beliebten und begeistert gefeierten Präsidenten durchaus bewusst. Und doch fühlte er sich relativ sicher, denn seit der Ermordung des 25. US-Präsidenten William McKinley im Jahre 1901 war kein Mordanschlag auf einen Präsidenten mehr gelungen. Theodore Roosevelt

Die letzte Sekunde seines Lebens: Der mutmaßliche Mörder von John F. Kennedy, Lee Harvey Oswald, wurde seinerseits am 24. November 1963 von dem Barbesitzer Jack Ruby ermordet.

hatte das Attentat von 1912 ebenso überlebt wie der entfernte Verwandte Franklin D. Roosevelt das von 1933, und auch Kennedy selbst war erst 1960 knapp einem Anschlag mit einer Autobombe entkommen. Und doch bewies er erstaunliche Weitsicht, als er am Morgen des Tages seiner eigenen Ermordung in Bezug auf die Gefahren seines Besuchs in Dallas sagte: „Wenn jemand wirklich den Präsidenten der Vereinigten Staaten erschießen wollte, wäre das keine schwierige Arbeit: Man müsste nur eines Tages mit einem Gewehr mit Zielfernrohr auf ein hohes Gebäude hinauf, niemand könnte etwas gegen einen solchen Anschlag unternehmen." Und genau das ist wenige Stunden später geschehen – mehrere Augenzeugen sahen den Gewehrlauf aus einem Fenster des fünften Stocks des Schulbuchlagers ragen. Aber hatte der Präsident recht? Hätte wirklich niemand etwas gegen einen solchen Anschlag unternehmen können, wenn er nur wirklich auch gewollt hätte? Immerhin waren 350 Polizisten der Stadt Dallas vor Ort, zudem 15 Deputy Sheriffs aus Dallas County, 40 FBI-Agenten und 28 Secret-Service-Agenten. Doch das größte Versäumnis war, dass die Gebäude und Dächer entlang der Route des Präsidenten nicht gesichert waren. Das Fahrzeug hingegen, ein 1961er-Lincoln Continental X-100 mit offenem Verdeck, konnte keinen Schutz bieten.

Erstaunlich ist, wie dilettantisch die zuständigen Behörden der USA in der Situation der Ermordung ihres Präsidenten agiert haben. Noch erstaunlicher ist, wie schnell die Polizei trotzdem mit Lee Harvey Oswald einen Täter präsentierte – und zwar einen Einzeltäter. Dieser wurde bekanntlich zwei Tage später in Polizeigewahrsam von dem Nachtclubbesitzer Jack Ruby getötet. Am erstaunlichsten ist allerdings die Tatsache, dass die mächtigen US-Polizeibehörden nicht in der Lage gewesen sind, den Mord an dem charismatischen John F. Kennedy wirklich aufzuklären. Bis heute noch schwirren Dutzende von Verschwörungstheorien durch die Medien, die alles und jeden verdächtigen – von der Mafia über das FBI bis zur CIA, von Vizepräsident Johnson über Fidel Castro bis hin zur Sowjetunion und zum Militärisch-Industriellen-Komplex. Wenn man heute die US-Bürger befragt, wer denn nun wohl wirklich hinter dem Kennedy-Attentat steckt, stellt man fest, dass dies eine reine Glaubensfrage ist. Genaues hingegen weiß auch heute, über 50 Jahre später, niemand.

Der Grund für diese bis heute andauernde Ungewissheit über die Hintergründe des Attentats liegt darin, dass die zuständigen Ermittlungsbehörden in allen Untersuchungen, die in den folgenden Jahrzehnten angestellt wurden, schlampig gearbeitet und vor allem bewusst gelogen haben, dass sich die Balken bogen. Das fing schon damit an, dass der Leichnam Kennedys rechtswidrig aus Dallas nach Washington gebracht wurde, wo eine äußerst oberflächliche Obduktion durchgeführt wurde, bei der zahlreiche Standarduntersuchungen einfach weggelassen wurden. Die lückenhaften und widersprüchlichen Obduktionsbefunde, die den Befunden der Ärzte aus Dallas, unter deren Händen der Präsident verstorben war, zum Teil diametral widersprachen, sollten später noch viel Anlass für weitere Spekulationen und Lügen bieten.

Das FBI machte bei seinen Untersuchungen des Attentats auch keine gute Figur. Wie vorher schon der Polizei von Dallas konnte es dem FBI gar nicht schnell genug gehen, Oswald als Einzeltäter zu präsentieren. Dahinter steckte der neue Präsident Lyndon B. Johnson, der den FBI-Direktor J. Edgar Hoover zur Eile drängte, sodass der vor seinen Mitarbeitern sagte: „Woran mir am meisten liegt, ist, etwas herauszugeben, womit wir die Öffentlichkeit davon überzeugen können, dass Oswald der wahre Attentäter ist." Doch war die Ermittlung für den FBI auch peinlich, denn kurz vor dem Attentat hatte das FBI versucht, Informationen über Oswald zu bekommen, und dabei auch dessen Frau befragt. Daraufhin hatte Oswald sich schriftlich beim FBI beschwert. Um zu vertuschen, dass das FBI dem Mörder möglicherweise auf der Spur war und den Mord dennoch nicht verhindern konnte, vernichtete man kurzerhand alle Unterlagen über Oswald. So ist das wohl in Geheimdiensten. Doch ist die bewusste Vertuschung der Wahrheit nicht weit von der offenen Lüge entfernt.

Endgültig Licht in das Dunkel um die Ermordung des 35. US-Präsidenten sollte die „Kommission des Präsidenten über die Ermordung von Präsident Kennedy" bringen, besser bekannt als Warren-Kommission. Auch hier mischte sich Präsident Johnson wieder massiv ein, drängte zur Eile und zur Geheimhaltung jeglicher missliebiger, nicht zur Einzeltäterschaft Oswalds passender Beweise oder Spuren. Dabei hatte die Regierung selbst nämlich eine Menge Dreck am Stecken. So versuchte die CIA seit geraumer Zeit, den kubanischen Revolutionsführer Fidel Castro zu ermorden. Castro wusste dies und drohte seinerseits mit der Ermordung hochrangiger US-Politiker. Deshalb verbot Präsident Johnson der Warren-Kommission, jeglichen Spuren nachzugehen, die in Richtung Kuba oder sogar Sowjetunion führten, weil er befürchtete, dass er einen Dritten Weltkrieg wegen der Ermordung Kennedys würde führen müssen, wenn sich ein solcher Verdacht bestätigte. Wörtlich sagte er den Kommissionsmitgliedern: „Wir müssen das aus der Arena heraushalten, wo die Exilkubaner unter Eid aussagen, dass Chruschtschow und Castro dies oder jenes getan haben und uns in einen Krieg treiben, der vierzig Millionen Amerikaner in einer Stunde umbringen kann." Deshalb wurde gelogen und getrickst, betrogen und gepfuscht. Kommissionsmitglied Gerald Ford, der spätere 38. Präsident der Vereinigten Staaten, änderte beispielsweise eigenhändig den Obduktionsbericht, damit er besser zur Einzeltäterschaft Oswalds passte. So kam es, dass viele Amerikaner damals große Zweifel an dem Untersuchungsergebnis hatten, dass Lee Harvey Oswald Präsident Kennedy als Einzeltäter ohne erkennbares Motiv ermordet hatte. Und auch heute noch misstrauen viele Amerikaner dieser Theorie – zu viel ist einfach während der Ermittlungen gelogen worden. Vielleicht bringt die Öffnung der Untersuchungsakten für die Öffentlichkeit im Jahre 2017 mehr Klarheit in diese Angelegenheit.

„ANGRIFF IM GOLF VON TONKIN" UND „HILFE FÜR KABUL"

Der amerikanische Vietnamkrieg und der sowjetische Afghanistankrieg

Dass zutiefst verbrecherische Staaten wie das nationalsozialistische Deutsche Reich ihre gesamte Politik auf absurde Lügengebäude stützen, haben wir jetzt bereits gesehen. Dass Hitler vor diesem Hintergrund auch den Zweiten Weltkrieg mit einer Kaskade von neuen Lügen entfesselt hat, verwundert daher nicht übermäßig. Aber wenn es um Krieg, um strategische Ziele und um die Vergrößerung der eigenen Machtsphäre ging, dann waren sich auch die großen „Anführerstaaten" der jüngeren Geschichte wie die USA und die Sowjetunion für keine noch so schäbige Lüge zu schade. Schöne Beispiele dafür sind die beiden großen verlorenen Kriege der Supermächte, der Vietnamkrieg der USA 1964 bis 1975 und der Afghanistankrieg der Sowjetunion 1979 bis 1989.

Zur Entlastung der USA könnte man vielleicht anführen, dass sie den Vietnamkonflikt nicht originär begonnen, sondern sich „nur" in einen bereits seit 1946 andauernden Krieg eingemischt haben. Andererseits haben sie den Konflikt – gemeinsam mit der Sowjetunion – zu einem derart brutalen Stellvertreterkrieg eskalieren lassen, dass ihr Ansehen in der westlichen Welt schwer gelitten hat, das ganze Land innerlich zerrissen und eine ganze Generation junger Amerikaner traumatisiert wurde. Doch der Reihe nach: Bereits seit den 1850er-Jahren begann Frankreich unter seinem Kaiser Napoleon III. das Kaiserreich Vietnam zu erobern. 1887 fiel Vietnam und wurde als Kolonie „Französisch-Indochina" Bestandteil des französischen Weltreiches. Mit ihrer brutalen Kolonialpolitik machten sie sich dort nicht besonders beliebt, und als die Japaner Indochina 1943 besetzten und die Franzosen verjagten, hatte viele Vietnamesen die Hoffnung auf bessere Zeiten. Die währte aber nur kurz, denn die Japaner erwiesen sich als noch schlimmere Besatzer als die Franzosen. Das bedeutete aber nun noch lange nicht, dass die Vietnamesen die Franzosen nach dem Zweiten Weltkrieg und dem Abzug der Japaner wiederhaben wollten. Vor allem der kommunistische Viet-Minh unter Ho Chi Minh, der während des Krieges in seinem

Nach dem fingierten Zwischenfall im Golf von Tonkin stiegen die Amerikaner mit aller Macht in den Vietnamkrieg ein.

Kampf gegen die Japaner von den USA massiv unterstützt worden war, leistete den Franzosen erbitterten Widerstand. Ho Chi Minh rief die Demokratische Republik von Vietnam aus, die von der Sowjetunion und von China anerkannt wurde. 1954 erlitten die Franzosen in der Schlacht von Dien Bien Phu eine vernichtende Niederlage. Ihre Kolonialarmee musste Indochina aufgeben, und es entstanden 1955 daraus die unabhängigen Staaten Laos, Kambodscha sowie das kommunistische Nordvietnam und das kapitalistische Südvietnam. Nun setzte sich der Konflikt in Südvietnam als Bürgerkrieg fort, in dem Nordvietnam den kommunistischen Vietcong unterstützte, die USA hingegen das Regime in Saigon.

Im Sommer 1964 sah die Lage schlecht aus. Der Vietcong kontrollierte bereits beinahe die Hälfte von Südvietnam und die Gegend um die Hauptstadt Saigon beinahe komplett. Der Fall Südvietnams stand unmittelbar bevor. Doch in den USA war gerade Wahlkampf, und Präsident Johnson wollte sich nicht – zumindest noch bis zur Wahl im November – als Kriegstreiber hinstellen lassen. Die USA beschränkten sich zu diesem Zeitpunkt deshalb noch auf Waffenlieferungen und vor allem auf Sabotageaktionen gegen Nordvietnam.

So auch am 31. Juli 1964, als ein Sabotagekommando zwei nordvietnamesische Inseln angriff. Kurz darauf lief das US-Kriegsschiff USS Maddox in den Golf von Tonkin ein – angeblich, um die Nordvietnamesen auszuspionieren. Für die muss es aber automatisch wie Verstärkung für die Sabotagekommandos ausgesehen haben. Schließlich schickten sie drei Schnellboote in Richtung des amerikanischen Zerstörers – mit welchem Auftrag, ist für immer ungeklärt geblieben. Die Amerikaner jedoch fürchteten einen Angriff der Nordvietnamesen mit Torpedos und eröffneten das Feuer. Die Vietcong-Kämpfer hatten keine Chance: Ein Schnellboot wurde mit einem Volltreffer sofort versenkt, die beiden anderen schwer beschädigt. Die Amerikaner meldeten ihrer Regierung den Vorfall aus ihrer Sicht als Angriff der Nordvietnamesen, obwohl kein einziger Torpedo abgefeuert worden war. Kurz darauf meldete ein anderer amerikanischer Zerstörer, die USS Turner Joy, die der USS Maddox zu Hilfe geeilt war, ebenfalls aus dem Golf von Tonkin irrtümlich den Beschuss mit Torpedos. Durch ein schweres Gewitter waren die Radarsignale verfälscht worden. Daraufhin zog der Zerstörer seine Meldung zurück. Doch der amerikanische Geheimdienst NSA ignorierte die Entwarnung und meldete US-Präsident Johnson, die Amerikaner würden angegriffen – eine glatte Lüge! Der stellvertretende US-Außenminister George Widman Ball gab später dann auch offen zu, dass die beiden Zerstörer gezielt in den Golf von Tonkin entsandt worden waren, um einen Grund für den offenen Eintritt der USA in den

Ein afghanischer Mujaheddin-Kämpfer demonstriert am 26. August 1988 eine erbeutete sowjetische Boden-Luft-Rakete vom Typ SA-7.

Vietnamkrieg zu provozieren. Die Bombardierung der nordvietnamesischen Hauptstadt Hanoi, die Präsident Johnson noch am selben Abend anordnete und im Fernsehen als Vergeltung für „wiederholte unprovozierte Gewaltakte" begründete, waren schon seit Monaten bis ins kleinste Detail vorbereitet gewesen. An diesem Beispiel sieht man sehr schön, wie durch das Weglassen eines Teils der Wahrheit der Rest zur Lüge wird – eine der beliebtesten Formen der Lüge in der Politik.

Anders lag der Fall hingegen beim Afghanistankrieg der Sowjetunion. Er folgte dem gängigen Muster der sowjetischen Einmischung in die inneren Angelegenheiten anderer Länder während des Kalten Krieges. Man benötigte im Grunde genommen nur einen innenpolitisch unter Druck geratenen Kommunisten, der die große sozialistische Brudermacht dann um Hilfe im innenpolitischen Konflikt bat. Doch auch im Falle Afghanistans muss man ein wenig in der Zeit zurückgehen, um zu verstehen, was genau da gegen Ende 1979 geschehen ist und zu dem zehn Jahre langen Bürgerkrieg geführt hat, der seinerseits dann seinen Teil zum Ende der Sowjetunion beigetragen hat.

Das 19. Jahrhundert war das Zeitalter der Kolonialreiche. Frankreich und das Vereinigte Königreich besaßen überseeische Kolonien in Südostasien, die nur per Schiff zu erreichen waren, und entwickelten sich daher zu Seemächten. Das Russische Reich hingegen war eine kontinentale Kolonialmacht, die ihre Eroberungen in Asien jeweils direkt an das eigene Staatsgebiet angliederte. Trotzdem wollte das Zarenreich gerne eine mächtige Seemacht sein, und so führte es zum Beispiel eine ganze Reihe von Kriegen gegen das schwächelnde Osmanische Reich, um Zugriff auf die Meerengen zum Bosporus und damit auf das Mittelmeer zu bekommen. Dies scheiterte aber jeweils am Widerstand vor allem der Briten, die ihren kombinierten See-Land-Weg nach Indien über das Mittelmeer und durch Persien in Gefahr sahen.

Dasselbe Problem entwickelte sich im Verlaufe des 19. Jahrhunderts auch in Zentralasien. Durch die Eroberung Kasachstans und Usbekistans näherten sich die Russen immer weiter dem Indischen Ozean. Ihr Ziel war es, dort einen russischen Hafen zu errichten, um ihre Machtbasis auch gegenüber der britischen Indien-Flotte zu behaupten. Der Plan war alt und bestand schon seit Beginn des 19. Jahrhunderts, und er war den Briten auch bekannt. Schließlich war die Eroberung Zentralasiens durch das Zarenreich in den 1840er-Jahren so weit fortgeschritten, dass wie ein Puffer nur noch Afghanistan zwischen den Russen, den Briten und dem Indischen Ozean lag. Da entschlossen sich die Briten zur Eroberung Afghanistans, um dem russischen Expansionsstreben nach Süden für alle Zeiten ein Ende zu setzen. In drei langen Afghanistankriegen holten sich die Briten trotz zwischenzeitlicher Erfolge am Ende einen blutigen Schädel, ohne das Land dauerhaft erobern zu können. 1919 mussten sie Afghanistan schließlich als unabhängigen Staat anerkennen.

Seit 1933 war Afghanistan eine Monarchie, die 1973 gestürzt und durch Mohammed Daoud Khan in eine Republik überführt wurde. Die hielt allerdings nicht lange, denn 1978 kam es mit sowjetischer Hilfe zur kommunistischen Revolution. Doch die neuen Machthaber waren sich gegenseitig spinnefeind, und so zerfiel die Regierungspartei in mehrere Lager. Gleichzeitig kam es aber wegen der brutalen Politik der neuen Regierung überall im Land zu Volksaufständen, die wiederum von den USA unterstützt wurden. Der kommunistische Führer Nur Muhammad Taraki bat die Sowjetunion mehrmals vergeblich um militärische Hilfe, bevor er im Oktober 1979 ermordet wurde. Sein Nachfolger wurde der Kommunist Hafizullah Amin. Doch der galt in Moskau als zu gemäßigt. Man befürchtete, dass er sich an die USA wenden und um Hilfe bitten könnte. Und da passierte es: Plötzlich entsannen die Sowjets sich des Hilfeersuchens des ermordeten Taraki und marschierten am 25. Dezember 1979 in Afghanistan ein. Amin, der glaubte, die Sowjets kämen ihm zu Hilfe, hatte sich getäuscht. Sein Tod war längst beschlossene Sache, und am 27. Dezember wurde er von einer sowjetischen Eliteeinheit mit einer Handgranate getötet. Die offizielle Sprachregelung lautete, dass die Sowjetunion mit ihrem Einmarsch einem Hilferuf des afghanischen Volkes nachgekommen sei. Was sich im ersten Moment wie Unsinn anhört, wird erst verständlich, wen man bedenkt, dass im damaligen kommunistischen System der Wille der Partei und ihrer Führung automatisch auch als Wille des Volkes vorausgesetzt wurde. Genauso sind die Sowjets auch bei den Volksaufständen 1953 in der DDR, 1956 in Ungarn und 1968 in Prag vorgegangen. In ihrer eigenen abstrusen Dogmatik war es für sie vielleicht logisch – eine Lüge bleibt es trotzdem.

„ICH GEBE IHNEN MEIN EHRENWORT!"

Warum Uwe Barschels Ehrenwort keines war

1987 ereignete sich in der norddeutschen Provinz ein politischer Skandal, der sich am Ende zu einem der größten Skandale in der Geschichte der Bundesrepublik Deutschland auswachsen sollte. Am Ende waren in Kiel zwei schleswig-holsteinische Ministerpräsidenten zurückgetreten. Der eine kam kurz nach seinem Rücktritt unter bis heute noch immer ungeklärten und mysteriösen Umständen ums Leben, der andere war für alle Zeiten politisch verbrannt. Zudem führte der Skandal in Kiel zu einem Machtwechsel, der die seit 1950 regierende CDU von der Macht fortspülte und der SPD erstmals eine Regierungsmehrheit im nördlichsten deutschen Bundesland einbrachte. Ach ja: Und gelogen wurde, dass sich die Balken bogen, und zwar von allen beteiligten Seiten. Am dreistesten log allerdings der CDU-Ministerpräsident Uwe Barschel mit seiner Ehrenwort-Erklärung, weshalb der Skandal bis heute zu Recht „Barschel-Affäre" heißt.

Aber was war passiert? Es herrschte Wahlkampf in Schleswig-Holstein. Am 13. September 1987 war Landtagswahl, und die CDU befürchtete, dass sie zum ersten Mal überhaupt die Mehrheit an der Waterkant verlieren würde. In der Folge entfachte sie einen derart dreckigen, verleumderischen Wahlkampf, wie er wohl in der Geschichte der Bundessrepublik seinesgleichen sucht – sogar in den Zeiten des Kalten Krieges. Da viele der Handlungen und Maßnahmen, die die Wahlkampfleitung der CDU gegen die SPD und insbesondere gegen deren Spitzenkandidaten Björn Engholm unternahm, getrost als strafbar einzustufen sind, kann man wohl zutreffend sagen: Die CDU hat 1987 in Schleswig-Holstein gegen Björn Engholm einen kriminellen Wahlkampf geführt. Das Harmloseste war noch, dass die CDU allgemein die Angst vor einem angeblich drohenden „rot-grünen Chaos" schürte. Das gehörte damals zum üblichen Repertoire und war schon damals – wie eigentlich ja auch heute immer noch – Standard. Härter wurde es schon, was die CDU mit dem Spitzenkandidaten der SPD machte. Sie verbreitete die absurdesten Lügen über Björn Engholm bis hin zu persönlicher Denunzierung. Das begann damit, dass er in einer Wahlkampfbroschüre als „geländegängiger Opportunist" mit „Gummirückgrat" bezeichnet wurde. Es folgte ein ganzer Schwall von glatten Lügen, die behaupteten, Engholm wolle „Kommunisten und Neonazis als Lehrer und Polizisten", die sich steigerten in der Lüge,

Engholm plane „Abtreibungen bis zur Geburt" freizugeben, und die schließlich in der absurden Denunziation gipfelten, „Sozialdemokraten und Grüne wollen straffreien Sex mit Kindern". Man kann eigentlich nur entgeistert den Kopf schütteln, wenn man sieht, zu welchem Hass bürgerliche Politiker fähig sind, wenn ihnen der Verlust der Macht droht.

Aber damit nicht genug: Die CDU-Führung ging noch weiter und engagierte einen „Mann fürs Grobe", der gezielt gegen Engholm eingesetzt werden sollte. Vom Axel-Springer-Verlag kam der halbseidene Journalist Reiner Pfeiffer in die Staatskanzlei nach Kiel, wo er offiziell als Medienreferent eingestellt wurde. In Wirklichkeit begann er aber schon bald nach seiner Einstellung mit etwas ganz anderem, nämlich der persönlichen Terrorisierung Björn Engholms. Die von Pfeiffer durchgeführten Aktionen stellten eine völlig neue Dimension der politischen Auseinandersetzung in der Bundesrepublik dar und erinnerten an Vorgänge, wie man sie eigentlich eher in Diktaturen erwarten würde oder wie man sie aus James-Bond-Filmen kennt.

Dazu gehört etwa die Geschichte mit der Abhörwanze, die Pfeiffer besorgen und in Barschels Telefon einbauen sollte, damit sie dann kurz vor der Wahl spektakulär entdeckt werden konnte. Der Einbau sollte dann der SPD angelastet werden. Zudem erstattete Pfeiffer eine anonyme Anzeige wegen Steuerhinterziehung gegen Engholm, in der er behauptete, Engholm habe seine Einkünfte nicht ordnungsgemäß versteuert. Die Anzeige führte zwar nicht zu einem Steuerverfahren gegen Engholm, aber man musste sich schon fragen, woher Pfeiffer die detaillierten Steuerdaten Engholms kannte. Dann setzte Pfeiffer Privatdetektive auf den Spitzenkandidaten an, die möglichst solche Details aus Engholms Privatleben in Erfahrung bringen sollten, die man diffamierend im Wahlkampf verwenden konnte. Der Gipfel der Geschmacklosigkeit: Unter dem Namen Dr. Wagner rief Pfeiffer bei Engholm zu Hause an und behauptete, er sei Arzt und habe Grund zu der Annahme, dass Engholm an der Immunschwächekrankheit Aids erkrankt sein könnte. Pfeiffer log, betrog und fälschte Dokumente – wie etwa eine Pressemitteilung der schleswig-holsteinischen Grünen, die sich angeblich verleumderisch und taktlos mit der Religiosität Engholms auseinandersetzte.

Wenige Tage vor der Wahl geschah dann allerdings etwas Unvorhergesehenes: Pfeiffer outete sich. Warum auch immer er das getan hat, ist nie bekannt geworden, aber am 9. September 1987 offenbarte sich Pfeiffer einem Notar, und zwar merkwürdigerweise so, dass prompt der „Spiegel" Wind von der Sache bekam. Das Nachrichtenmagazin stürzte sich natürlich sofort auf diese Top-Story und kam ungewöhnlicherweise bereits am Samstag, dem 12. September, mit einer Titelgeschichte darüber hinaus – also einen Tag vor der Landtagswahl. Die Wahl endete unentschieden, aber in der Woche danach war in Kiel die Hölle los. Pfeiffer hatte dem Spiegel gegenüber behauptet, dass er alles, was er gegen Engholm persönlich oder gegen die SPD, die Grünen und die Unabhängige Wählergemeinschaft als Parteien unternommen habe, mit Wissen und im Auftrag des

CDU-Ministerpräsidenten Uwe Barschel getan habe. Der stand jetzt natürlich unter enormem Druck. Am 18. September kam es dann zu der legendären Pressekonferenz, in der Barschel sämtliche gegen ihn erhobenen Vorwürfe mit eidesstattlichen Erklärungen zurückwies und wörtlich erklärte: „Über diese Ihnen gleich vorzulegenden eidesstattlichen Versicherungen hinaus gebe ich Ihnen, gebe ich den Bürgerinnen und Bürgern des Landes Schleswig-Holstein und der gesamten deutschen Öffentlichkeit mein Ehrenwort – ich wiederhole: Ich gebe Ihnen mein Ehrenwort! –, dass die gegen mich erhobenen Vorwürfe haltlos sind." Damit hatte sich Barschel arg weit aus dem Fenster gelehnt, und er hatte ein Problem.

Ministerpräsident Uwe Barschel (links) mit seinen CDU-Amtskollegen Lothar Späth (Mitte) und Bernhard Vogel (rechts) im Februar 1983.

So recht glauben wollte ihm die deutsche Öffentlichkeit sein Ehrenwort nicht, zumal der Spiegel weitere belastende Details und Vorgänge veröffentlichte. Zu gut passten die von Pfeiffer enthüllten, haarsträubenden Aktionen zu der Härte und dem Hass, mit denen der Wahlkampf vonseiten der CDU geführt wurde. Wie Puzzlesteine ergaben die Details ein Bild von einem verzweifelt um die Macht kämpfenden Ministerpräsidenten und seiner Partei, die vor keiner Lüge, Diffamierung und Verleumdung zurückschreckten. Unter dem Druck der Öffentlichkeit musste Barschel am 2. Oktober 1987 vom Amt des schleswig-holsteinischen Ministerpräsidenten zurücktreten. Am 11. Oktober wurde er im Genfer Hotel Beau-Rivage unter bis heute nicht vollständig geklärten Umständen tot in der Badewanne seines Zimmers aufgefunden.

War das Ehrenwort Barschels denn nun eine Lüge? Der Untersuchungsausschuss des Landtags von Schleswig-Holstein, der im Herbst 1987 zur Aufklärung der Vorgänge eingerichtet worden war, sah das so. Er stellte in seinem Abschlussbericht mit den Stimmen aller Ausschussmitglieder, also auch denen der CDU, fest, dass bei vielen, wenn auch nicht unbedingt allen Aktivitäten Pfeiffers Barschel zumindest Bescheid gewusst haben müsse. Belastend für Barschel waren vor allem die Aussagen seines Fahrers und seiner Sekretärin, die ihre früheren für Barschel entlastenden Aussagen widerriefen und erklärten, Barschel habe sie seinerzeit zu diesen Falschaussagen genötigt. Also war das

Ehrenwort Barschels eine dreiste Lüge, vielleicht eine der größten der deutschen Nachkriegspolitik.

Aus den Neuwahlen zum Landtag 1988 ging die SPD mit der absoluten Mehrheit der Mandate hervor, Björn Engholm wurde Ministerpräsident von Schleswig-Holstein, dann Bundesvorsitzender der SPD, und es begann Gras über die Sache zu wachsen. Doch einige Jahre später platzte eine Bombe: 1993 wurde bekannt, dass die SPD-Führung um Engholm zum Zeitpunkt des Bekanntwerdens des Skandals durch den „Spiegel" schon längst alles gewusst hatte. Bereits eine Woche vor der Landtagswahl hatte sich Pfeiffer über einen Anwalt der SPD-Spitze offenbart. Engholm hatte

Während CDU-Mann Uwe Barschel 1987 über die Barschel-Affäre stürzte, musste sein SPD-Nachfolger Björn Engholm 1993 wegen der damit verbundenen Schubladenaffäre zurücktreten.

aber stets behauptet, dass er vor der Veröffentlichung im Spiegel vom 12. September 1987 von den Vorgängen nichts gewusst habe und von den Enthüllungen seinerzeit völlig überrascht worden sei. Nun musste er allerdings zugeben, dass er im Frühjahr 1988 vor dem parlamentarischen Untersuchungsausschuss glatt gelogen und einen Meineid geleistet hatte. Das moralische Saubermann-Image des Ministerpräsidenten, mit dem er aus der Affäre 1987 hervorgegangen war, verflog nun mit einem Schlag. Nur die zwischenzeitlich eingetretene Verjährung des Meineides bewahrte Engholm nun vor einer Strafverfolgung. So war er aber als Ministerpräsident nicht mehr haltbar. Er trat zurück und legte auch den SPD-Vorsitz nieder.

Als auch noch bekannt wurde, dass die SPD-Granden Günther Jansen und Klaus Nilius 1988 und 1989 insgesamt rund 50.000 DM bar an Pfeiffer gezahlt hatten, setzte der Landtag einen neuen parlamentarischen Untersuchungsausschuss zur „Schubladenaffäre" ein. Die hieß so, weil Jansen die Geldscheine für Pfeiffer in seiner Küchenschublade gesammelt hatte. In diesem Zusammenhang wurde aber auch die Barschel-Affäre selbst erneut untersucht. Der Ausschuss sah am Ende unter Berücksichtigung der neuesten Erkenntnisse über die Glaubwürdigkeit aller Beteiligten viele Fragen als ungeklärt oder umstritten an. Dabei wurde die politische Verantwortung für die Taten Pfeiffers wiederum Barschel zugewiesen, weil er diesen in seiner Staatskanzlei eingestellt habe. So scheint es darauf hinauszulaufen: „Ehrenwort" oder „Schubladenaffäre", Barschel oder Engholm – gelogen haben sie beide!

„ES WIRD NIEMANDEM SCHLECHTER GEHEN ..."

Die Versprechungen Helmut Kohls vor der Wiedervereinigung

Sachsen-Anhalt 1991, aus einem fiktiven Brief an den Bundeskanzler, geschrieben im Rahmen einer Maßnahme des Arbeitsamtes: „Lieber Herr Kohl, wenn Sie das nächste Mal Versprechungen machen, die Sie nicht einhalten können, dann aber bitte bessere!" Wie bitte? Was war da los? Was auf den ersten Blick absurd und komisch klingt, offenbart doch letztlich den kreativen Umgang einer Bevölkerung mit der politischen Lüge, die seit Jahrzehnten praktisch von Amts wegen daran gewöhnt war – man denke nur an den politischen Propagandaapparat der DDR oder die sogenannten Wahlen in der DDR und ihre Ergebnisse.

Doch wie konnte es jetzt schon wieder dazu kommen? „Es wird niemandem schlechter gehen als zuvor – dafür vielen besser!" Das sprach Bundeskanzler Helmut Kohl am 1. Juli 1990, am Tag des Inkrafttretens der Währungsunion. Und er meinte es durchaus so, wie ihn die Menschen im Osten Deutschlands verstanden haben, nämlich materiell. Er meinte die Einkommen, die Renten, die Sparbücher, das Bafög. Er hat den Menschen in der ehemaligen DDR Wohlstand versprochen, und zwar mehr Wohlstand für den Einzelnen, als ihn die Bürger der DDR kannten, aber auch im Sinne Ludwig Erhards „Wohlstand für alle". Kohl wusste damals sehr genau, dass er eine Lüge verbreitete und ungerechtfertigte Illusionen nährte. Er hat versprochen, was er nicht halten konnte. Ihm musste klar sein, dass die ostdeutsche Wirtschaft im Vergleich zur westdeutschen katastrophal veraltet war und den Wettbewerb nicht überleben würde. Deshalb hat er auch explizit keine neuen Arbeitsplätze versprochen. Stattdessen hat er etwas poetisch von blühenden Landschaften gesprochen und die Mär von den patriotischen Unternehmern in die Welt gesetzt, die in den Osten ausschwärmen und dort vielleicht Arbeit schaffen würden. Dass diese Hoffnung enttäuscht werden musste, kann niemanden verwundern. Die westdeutsche Wirtschaft war im Jahre 1990 nach 1986, 1987 und 1988 zum vierten Mal innerhalb von fünf Jahren Exportweltmeister geworden. Allein aus den westdeutschen Produktionsstätten konnten Märkte mit Milliarden von Menschen mit Gütern versorgt werden. Da lag es doch auf der Hand, dass die rund 17 Millionen neuen Bundesbürger sozusagen mit dem kleinen Finger mit Autos, Fernsehern und Nahrungsmitteln mitversorgt werden konnten, ohne dass man dazu auf die Schnelle auch nur einen einzigen Arbeitsplatz in den neuen Bundesländern schaffen musste. Das hat den DDR-Bürgern vor der Wiedervereinigung niemand gesagt – oder besser: Sie wollten es nicht hören, wie die Wahlergebnisse der Bundestagswahl 1990 gezeigt haben.

Helmut Kohls illusorische Versprechungen hatten zwei Gründe: Zum einen hatte er längst begriffen, dass die Ostdeutschen den Westen wollten, weil sie die D-Mark wollten, und dass sie längst allgemeine Freiheit mit Freiheit zum Konsum gleichsetzten. So verstanden sie unter Gerechtigkeit vor allem die gerechte Verteilung von Wohlstand. Und Kohl war bereit, darauf einzugehen und eine ganze Menge vom westdeutschen Wohlstand an die neuen Bundesländer abzugeben. Da dies aus den oben ausgeführten Gründen nicht über Arbeit und Arbeitsplätze zu finanzieren war, musste der Staat mit Transferleistungen aushelfen – mit der Folge, dass sich die Staatsschulden der Bundesrepublik von 1990 bis 1995 in nur fünf Jahren von umgerechnet rund 500 Milliarden Euro auf über eine Billion Euro verdoppelten.

Zum anderen waren der Mauerfall und die Wiedervereinigung für den Bundeskanzler ein unerhörter persönlicher politischer Glücksfall, den er als mit allen Wassern gewaschener Machtpolitiker natürlich auch zu seinem eigenen Vorteil zu nutzen gedachte. Als die Mauer fiel, war es um den Bundeskanzler Helmut Kohl nämlich gerade nicht so gut bestellt. Zwar hatte die CDU die Bundestagswahl 1987 gewonnen, gegenüber der letzten Wahl dabei aber 4,5 Prozentpunkte und 21 Sitze verloren. Da brodelte es natürlich in der Fraktion, in der es zu heftigen Flügelkämpfen zwischen dem national-konservativen Kreis um den CDU/CSU-Fraktionsvorsitzenden Alfred Dregger und den Modernisierern um den CDU-Generalsekretär Heiner Geißler kam. Kohl, der dem Geißler-Kreis nahestand, musste eine herbe Niederlage einstecken, als es misslang, Dregger abzuservieren, und sich daraufhin die national-konservativen Reihen in der CDU demonstrativ zu schließen begannen. Da fiel ihm der Mauerfall praktisch in den Schoß und gab ihm die Möglichkeit, als „Kanzler der Einheit" jenen Ruhm zu erlangen, der jeglichen innerparteilichen Zwist verblassen lassen und der CDU die Kanzlerschaft möglicherweise auf Jahrzehnte sichern würde.

Dazu waren aber zwei Dinge unerlässlich. Auf der außenpolitischen Ebene galt es, das 1989/1990 geöffnete, aber voraussichtlich nicht für alle Zeiten offen bleibende Zeitfenster für die Wiedervereinigung zu nutzen. Niemand konnte 1989 sagen, wie lange sich der im Ausland wesentlich beliebtere sowjetische Generalsekretär in seiner Heimat noch würde halten können. Hier schlug ihm nämlich ein rauer Wind ins Gesicht, und vor allem die alten Hardliner warfen ihm den Ausverkauf des Warschauer Paktes und letztlich auch der Sowjetunion vor. Hier hat Kohl den richtigen Spürsinn gehabt und die deutsche Einheit schnell vorangetrieben. Und die Geschichte hat ihm hier recht gegeben. Kein Jahr nach der Wiedervereinigung putschten in Moskau die alten Kader gegen Gorbatschow.

Eine der letzten DDR-Briefmarken aus dem Jahre 1990 erinnerte an die friedliche Revolution der DDR-Bürger ein Jahr zuvor.

Bald darauf hatte er den Machtpoker gegen den neuen russischen Präsidenten Boris Jelzin verloren und musste das Ende der Sowjetunion verkünden. Niemand kann sagen, was aus der deutschen Einheit geworden wäre, wenn jene ans Ruder gekommen wären, die eine langsame Annäherung unter Beibehaltung der Zweistaatlichkeit Deutschlands forderten. Möglicherweise wäre Deutschland dann heute immer noch geteilt.

Aber nicht nur die Siegermächte des Zweiten Weltkrieges mussten bei der deutschen Wiedervereinigung mitspielen, sondern auch die Deutschen selbst. Und um das hinzukriegen, griff Kohl eben auf die genannten Lügen zurück. Er musste den Leuten Versprechungen machen, von denen er genau wusste, dass er sie niemals einhalten konnte, um sie auf seine Seite zu ziehen. Anscheinend wollen die Leute aber manchmal einfach eben auch belogen werden, denn an Mahnern, die die Versprechungen Kohls etwa im Bundestagswahlkampf als billige Wahlkampflügen enttarnt haben, hat es ja schließlich nicht gefehlt. Aber alle, die sich der Euphorie, die Kohls Versprechen auslösten, entgegengestellt und auf die komplizierte wirtschaftliche Situation in den neuen Bundesländern verwiesen haben, wurden bei den Bundestagswahlen 1990 brutal abgestraft. Während die CDU bundesweit ihr Ergebnis gegenüber 1987 ungefähr halten konnte, erzielte die SPD unter dem als „Kassandra" diffamierten Oskar Lafontaine mit 33,5 Prozentpunkten ihr schlechtestes Ergebnis seit 1957. Noch schlimmer sah es für sie mit 24,3 Prozentpunkten in den ostdeutschen Bundesländern aus. Die ebenfalls vereinigungskritischen Grünen flogen mit 4,8 Prozent im Westen hochkant aus dem Bundestag und zogen nur dank des besseren Ergebnisses der Ost-Grünen am Ende mit 5,1 Prozentpunkten und acht Abgeordneten doch noch so eben wieder in den Bundestag ein.

Gibt es also so etwas wie einen „Zwang zur Lüge", wenn man politisch erfolgreich sein will? Will der Wähler tatsächlich belogen werden? Das Beispiel der Bundestagswahl von 1990 legt eine solche Annahme nahe. SPD und Grüne, die sich 1990 diesem vom Wähler ausgehenden „Zwang zur Lüge" widersetzten, erlitten herbe Wahlniederlagen. Aber was passierte nach der Wahl? In rasantem Tempo wurden die neuen Bundesländer deindustrialisiert. Was Stalin mit seinen Demontagen nach dem Zweiten Weltkrieg nicht geschafft hatte, war für die kapitalistischen Abwickler von der Treuhand nur ein Klacks. Natürlich waren die Industrieanlagen in Ostdeutschland hoffnungslos veraltet und ineffizient, nicht wettbewerbsfähig und aus der Sicht des Umweltschutzes haarsträubend. Aber es wurde

Im Vergleich zu den westdeutschen Industrieanlagen waren die ostdeutschen wie hier im Bild die Buna-Werke in Schkopau nach der Wiedervereinigung hoffnungslos veraltet und nicht wettbewerbsfähig.

nun nicht modernisiert, es wurde nicht investiert, es wurde nur abgewickelt. Gleichzeitig flossen aus dem Bundeshaushalt und aus den westdeutschen Sozialsystemen ungeheure Geldmengen in die neuen Bundesländer. Aber es fehlten eben auf breiter Front genau die patriotischen Unternehmer, die nach Kohls Hoffnung die „blühenden Landschaften" erschaffen sollten. Es ist ja auch eine naive, geradezu anachronistische Idee: Am Ende des 20. Jahrhunderts war das Kapital längst international – Geld ist eben nicht patriotisch.

Niemandem wird es schlechter gehen? Aus dem Stand heraus schoss die Arbeitslosigkeit in den neuen Bundesländer 1990 auf rund 15 Prozent und kletterte bis 1995 auf 20 Prozent, wo sie für zehn Jahre bis 2005 verblieb. Mag sein, dass es – wenn man Kohls Versprechen wirklich nur rein materiell betrachtet – bei der sozialen Abfederung durch staatliche Transferleistungen so manchem wirklich nicht schlechter ging als zu DDR-Zeiten. Doch haben die Menschen nach der Wiedervereinigung schnell gemerkt, dass Geld eben doch nicht alles ist und dass es einem in der Perspektivlosigkeit einer „abgewickelten" Gesellschaft durchaus schlechter gehen konnte, auch wenn das Arbeitslosengeld pünktlich auf dem Konto war. Erst heute, 25 Jahre nach der Wiedervereinigung, beginnen sich die „blühenden Landschaften" zu zeigen, die Kohl einst versprochen hat. Für ihn aber gab es damals keine Alternative zur Wiedervereinigung, und damit auch keine Alternative zur Lüge. Aber heiligt der Zweck alle Mittel?

„DER IRAK BESITZT MASSEN-VERNICHTUNGSWAFFEN UND IST MIT AL-QAIDA VERBÜNDET"

Wie die USA mit bewussten Lügen den zweiten Irakkrieg rechtfertigten

Wie in diesem Buch bereits an einigen Stellen gesehen, wurden einige der größten und verheerendsten Kriege der Menschheitsgeschichte mit Lügen gerechtfertigt – auch von den USA. Im Falle des Vietnamkrieges war es letztlich die Verheimlichung eines Teils der Wahrheit, die dann den verbliebenen Teil der Wahrheit zur Lüge werden ließ. In der Folgezeit hielten sich die Amerikaner mit so etwas eher zurück. Ihr nächster größerer Krieg, der erste Irakkrieg, war eindeutig „sauber", wenn man das von einem Krieg überhaupt behaupten kann. „Sauber" war er hinsichtlich seiner Begründung, denn die Fakten waren klar. Der Irak hatte am 2. August 1990 seinen kleinen Nachbarstaat Kuwait angegriffen und erobert und am 28. August als „Teil des Iraks" annektiert. Der Angriff einer Befreiungskoalition vom 17. Januar 1991 unter der Führung der USA war eindeutig durch die Resolution 678 des Sicherheitsrates der Vereinten Nationen vom 29. November legitimiert. Dass Präsident George Bush sen. mehrere Mal die von der kuwaitischen Exilregierung in Auftrag gegebene „Brutkastenlüge" der PR-Agentur Hill & Knowlton wiederholte, die besagte, dass irakische Soldaten kuwaitische Frühgeborene aus ihren Brutkästen gerissen und getötet hätten, spielte für die Kriegsrechtfertigung keine Rolle.

Als am 11. September 2001 die Twin Towers des World Trade Centers in New York unter den Einschlägen von zwei Verkehrsflugzeugen in sich zusammenstürzten und Tausende Menschen in den Tod rissen, war die westliche Welt schockiert. Der Schuldige war bald ausgemacht: Verantwortlich war Osama bin Laden von der islamistischen Terrororganisation al-Qaida, der sich bei den Taliban in Afghanistan versteckt hielt. Der Sicherheitsrat der Vereinten Nationen bekräftigte in seiner Resolution 1368 vom 12. September 2001 das Selbstverteidigungsrecht der Völker auch nach terroristischen Angriffen. Die US-Re-

Nach den Terroranschlägen von Osama bin Ladens al-Qaida am 11. September 2001 begannen die USA einen „Krieg gegen den Terrorismus".

gierung unter George W. Bush sah diese Resolution als Rechtfertigung ihres Angriffs auf Afghanistan vom 7. Oktober 2001. So weit war das wohl völkerrechtlich alles in Ordnung.

Ganz anders lag der Fall aber beim zweiten Irakkrieg, der zum Sturz Saddam Husseins führte. Dieser wurde durch eine lang angelegte, beispiellose Lügenkampagne der US-Regierung vorbereitet und war letztlich ein völkerrechtswidriger Angriffskrieg der Streitkräfte der Vereinigten Staaten sowie des Vereinigten Königreiches und einer „Koalition der Willigen". Der Konflikt zwischen den USA und dem Irak schwelte bereits seit dem ersten Irakkrieg von 1991. Von amerikanischer Seite wurde Saddam Hussein für einen Attentatsversuch aus dem Jahre 1993 im Rahmen eines Besuchs von George Bush sen. im Irak verantwortlich gemacht. Fakt ist jedenfalls, dass die USA unter Präsident George W. Bush bereits lange vor den Anschlägen vom 11. September 2001 mit ihren Planungen für einen neuen Krieg gegen den Irak begannen. Schließlich nutzte sie die Terroranschläge propagandistisch, um die Öffentlichkeit auf den nächsten Irakkrieg einzuschwören. Sie setzte die Lüge von einem angeblich direkt bevorstehenden Angriff des Irak mit Massenvernichtungsmitteln auf die USA in die Welt. Zudem konstruierte sie die Lüge von der engen Verbindung Saddam Husseins mit al-Qaida. Millionenfach verbreitet von national-konservativen Medien wie dem Fox News Channel in New York, begann eine gezielte Desinformationskampagne des amerikanischen Volkes. Ein gigantisches Lügengebäude wurde aufgebaut, verstärkt durch gezielte Terrorwarnungen, mit denen der Bevölkerung ständig neue Angst eingejagt wurde. So glaubten am Ende 70 Prozent aller Amerikaner, dass Saddam Hussein die Anschläge des 11. Septembers bei al-Qaida in Auftrag gegeben habe. Dennoch erhielten die USA kein Mandat des UN-Sicherheitsrats. Mit ihrem Angriff brachen sie somit das in der UN-Charta verankerte Verbot eines Angriffskrieges. Doch konnte der Sicherheitsrat den Irakkrieg nie offiziell als Angriffskrieg verurteilen, weil die USA und das Vereinigte Königreich dies mit ihrem Vetorecht stets zu verhindern wussten. Dennoch gelten die damals genannten Begründungen für den Angriff auf den Irak als historisch widerlegt und müssen als das gebrandmarkt werden, was sie offensichtlich sind: vorsätzliche und skrupellose Lügen! Im Irak wurden weder Massenvernichtungsmittel noch Beweise für irgendwelche Angriffsabsichten oder eine Verbindung mit al-Qaida gefunden. Aufgrund dieser dreisten Lügen werden den USA oft geopolitische und wirtschaftliche Interessen als tatsächliche Kriegsgründe unterstellt, etwa aufgrund der Ölvorkommen in der Region. So wurde nach dem militärischen Sieg der Amerikaner beispielsweise bald spöttisch kolportiert, die USA hätten den Irak in die drei Besatzungszonen Normal, Super und Diesel aufgeteilt.

Auf der anderen Seite ist es nun aber auch wiederum nicht so, dass die Amerikaner mit dem Irak ein unschuldiges, friedliebendes und demokratisches Land angegriffen hätten. Iraks Diktator Saddam Hussein war ein Despot, Verbrecher und Massenmörder allererster Güte, und er betrieb schon seit Jahren ein sehr riskantes und am Ende für ihn verheerendes Spiel mit den Vereinten Nationen. Nach dem ersten Irakkrieg beschlossen die Vereinigten Staaten, Saddam Hussein aus Gründen der Stabilität in der Region nicht zu stürzen. Immerhin war er im ersten Golfkrieg zwischen dem Iran und dem Irak ihr Verbündeter gewesen und von ihnen großzügig mit Waffen beliefert worden. Die Vereinten Nationen beließen ihn 1991 also im Amt, verhängten aber mehrere Strafmaßnahmen über den Irak. Um die kurdischen und die schiitischen Minderheiten im Norden und im Süden des Landes zu schützen, richteten sie zwei Flugverbotszonen ein. Außerdem verhängten sie ein strenges Embargo über den Import von Rüstungsgütern und möglichen Inhaltsstoffen von ABC-Waffen. Schließlich – und das sollte jahrelang zum Zankapfel werden und schließlich Saddam Husseins Untergang besiegeln – schickte der Sicherheitsrat der Vereinten Nationen Waffeninspekteure ins Land, die jahrelang verdächtige Anlagen und Installationen überprüfte, um sicherzustellen, dass der Irak keine Massenvernichtungswaffen herstellte oder besaß. Vor allem die Waffeninspekteure wurden vom Irak in den 1990er-Jahren massiv und systematisch in ihrer Arbeit behindert. Deshalb verdächtigten die Vereinigten Staaten und das Vereinigte Königreich den Irak immer wieder, Massenvernichtungswaffen zu besitzen. Die Argumentation: Wenn der Irak eine „weiße Weste" hätte, bräuchte er die Waffeninspekteure doch nicht geheimdienstlich observieren zu lassen. Auf ganz gefährliches Eis begab sich der Irak, als er die Arbeit der Waffeninspekteure 1997 massiv behinderte und die UN-Mitarbeiter 1998 ganz aus dem Land wies. Als Reaktion bombardierten amerikanische und britische Flugzeuge in der Operation „Desert Fox" im Dezember 1998 mehrere Tage lang verdächtige irakische Anlagen und Fabriken. Aber auch in den folgenden Jahren versuchte Saddam Hussein alles, um die Arbeit der Waffeninspekteure so schwer wie möglich zu machen. Man muss natürlich berücksichtigen, dass er sich mit diesem Verhalten in den Augen der Weltöffentlichkeit mehr als verdächtig machte. Die Waffeninspekteure selbst gaben an, bis 1998 möglicherweise rund 90 Prozent der irakischen Massenvernichtungswaffen vernichtet zu haben. Stimmte diese Zahl, dann müssten irgendwo ja auch noch die letzten zehn Prozent lagern. Und dass Saddam Hussein nur wenig Skrupel kannte, solche Waffen notfalls auch gegen die eigene Bevölkerung anzuwenden, hatte er ja bereits 1988 mit dem Massaker in der kurdischen Stadt Halabja während des Krieges gegen den Iran bewiesen. Und schließlich stand die Befürchtung im Raum, dass es irgendwo noch Materialien aus dem ehemaligen irakischen Atomprogramm gab. Wenn es vielleicht auch kein spaltbares Material war – hätte es möglicherweise für den Bau einer „schmutzigen Bombe" benutzt werden können? Wie auch immer – mit Sanktionen schien man zu Beginn des neuen Jahrtausends nicht so recht weiterzukommen.

Doch dann kam der 11. September 2001 und änderte alles. Die amerikanische Regierung erklärte ihren „War on Terrorism" und ließ amerikanische Truppen in Afghanistan einmarschieren. Darüber hinaus fertigte sie eine Liste von „Schurkenstaaten" an, die im

Verdacht standen, selbst an terroristischen Akten beteiligt zu sein oder diese indirekt zu fördern. Schnell geriet nun auch der Irak wieder ins Visier und wurde gemeinsam mit Ländern wie Kuba, Libyen, dem Iran oder Nordkorea auf die Liste der „Schurkenstaaten" gesetzt.

Jetzt kam die Zeit der dreistesten Lügen. Der britische Premier Tony Blair legte dem britischen

Völkerrechtswidriger Angriffskrieg: Abschuss einer Cruise Missile vom Typ „Tomahawk" vom US-Zerstörer USS Cape St. George auf den Irak am 23. März 2003.

Unterhaus am 24. September 2002 ein von vorne bis hinten gelogenes Dossier vor, das „überwältigende Gründe für eine Entwaffnung des Irak" aufzählte. Am 5. Februar 2003 legte US-Außenminister Colin Powell dem UN-Sicherheitsrat angebliche „Beweise" dafür vor, dass Saddam Hussein über Massenvernichtungswaffen verfüge und dass er in die Anschläge vom 11. September verwickelt gewesen sei. Bald musste er jedoch zugeben, dass beide Behauptungen gelogen und die Beweise gefälscht waren. Bereits 2004 reichte er seinen Rücktritt als Außenminister ein und sieht den Irakkrieg heute sehr kritisch. Selbst Ex-Präsident George W. Bush hat mittlerweile öffentlich zugegeben, dass der Irakkrieg ein großer Fehler war. Doch auf Lüge gebaut, lassen sich seine dramatischen Folgen mit bürgerkriegsähnlichen Zuständen, Tausenden Terroranschlägen, Kriegshandlungen und Gewaltkriminalität kaum noch aus der Welt schaffen.

„DIE KERNENERGIE IST BILLIG, SAUBER UND SICHER ..."

Warum wir trotzdem Milliarden bezahlen müssen

Nach der Entdeckung und Nutzbarmachung der Kernspaltung verfiel die Menschheit nach dem Zweiten Weltkrieg in Euphorie. Was sich – vor den Augen der Menschheit in Hiroshima und Nagasaki machtvoll demonstriert – militärisch verwenden ließ, sollte sich doch nun in Friedenszeiten auch wirtschaftlich nutzen lassen. Was wurde sich alles erträumt – unbegrenzte Energieversorgung, Unabhängigkeit von Öl und Kohle, beinahe das Perpetuum mobile. In der naiven Technologiegläubigkeit der 1950er-Jahre gingen die Atomwissenschaftler weltweit im großen Stil daran, neuartige Kraftwerke zu entwickeln, in denen aus der Spaltung von bestimmten Atomen elektrischer Strom erzeugt werden konnte. 1956 ging in England das Kernkraftwerk von Calder Hall mit einer Leistung von 55 Megawatt als erstes kommerzielles Kernkraftwerk der Welt ans Netz. In beiden Teilen Deutschlands nahmen die ersten Kernkraftwerke in den 1960er-Jahren ihren Betrieb auf. In den 1970er-Jahren kamen vermehrt Zweifel an der technischen Beherrschbarkeit der Hochrisikotechnologie Kernkraft auf – vor allem nach dem Beinahe-GAU des amerikanischen Kernkraftwerks Three Miles Island im Jahre 1979. Das öffentliche Interesse an dem Thema wurde noch verstärkt durch den in Hollywood mit Starbesetzung entstandenen Katastrophenfilm „Das China-Syndrom", der beinahe zeitgleich in die Kinos kam und die Geschehnisse von Three Miles Island praktisch vorwegnahm. Unter diesen Eindrücken begann sich auch in Deutschland eine Massenbewegung zu formieren, die auf die Gefahren der Kernkraft hinwies und einen Verzicht auf diese Technologie forderte. Dieser stand eine mächtige Lobby aus Stromerzeugern und Politikern gegenüber, die von Anfang an versuchte, die Kritiker mit Lügen mundtot zu machen. Dabei sind die im Laufe der Zeit standardisierten Argumente und Thesen von Organisationen, Konzernen und Personen der Atomlobby, die systematisch über die Medien in der Öffentlichkeit verbreitet wurden und werden, die bekannten Lügen und Irrtümer zur Atomenergie entstanden. Dabei wurde die Sprache im Laufe der Jahrzehnte so manipuliert, dass die meisten der Thesen für die Kernenergie heute nur noch Ablenkungsmanöver sind. Allmählich rankt sich ein scheinbar undurchdringliches Geflecht aus Lügen um die Nutzung von Kernenergie, und viele der Lügen werden bis heute gebetsmühlenhaft wiederholt, obwohl sie schon längst als Lügen enttarnt sind. Darunter befinden sich auch die drei größten Lügen, die jeder kennt und die lauten: „Kernenergie ist billig, sauber und sicher!"

Jahrzehntelang war die Lüge von dem billigen Atomstrom das Totschlagargument für die Kernenergie. Ohne Kernenergie, so wurde behauptet, würde der Strompreis stark ansteigen und die Wirtschaft damit im Vergleich zum Ausland stark belastet. Arbeitsplätze würden verloren gehen und Deutschland insgesamt seine Rolle als eine der führenden Industrienationen der Welt verlieren. Wer also gegen Kernkraft war, galt beinahe schon als Verräter. Heute ist diese Lüge aufgeflogen. Selbst wirtschaftsnahe Einrichtungen wie das Deutsche Institut für Wirtschaftsforschung haben mittlerweile festgestellt, dass Kernkraftwerke marktwirtschaftlich nicht lebensfähig sind und massiv subventioniert werden müssen. Aber genau das ist seit Jahrzehnten geschehen, und die Subventionen wurden nicht in den dadurch künstlich niedrig gehaltenen Strompreis eingerechnet. So hat der Stromverbraucher jahrzehntelang für seinen angeblich so billigen Strom doppelt bezahlt – einmal über die Stromrechnung, ein zweites Mal mit seinen Steuergeldern. Jüngste und unabhängige Berechnungen haben ergeben, dass die Bundesrepublik die Kernenergie in den Jahren 1950 bis 2010 in allen Bereichen zusammengenommen mit mehr als 200 Milliarden Euro Steuergeldern subventioniert hat. Der Staat leistete und leistet immer noch direkte Zuschüsse, oder er gewährt indirekte Vergünstigungen bei Bau und Betrieb der Atomkraftwerke, die also der Steuerzahler trägt. Und das natürlich nicht nur in Deutschland, sondern überall auf der Welt, wo kommerzielle Kernkraftwerke im Betrieb oder im Bau sind. So haben die Bauherren von Kraftwerken in Großbritannien und Frankreich schon längst ihre Lobbyisten losgeschickt, um etwa von der EU massive Subventionen für ihre Bauprojekte zu bekommen. Aber damit nicht genug: In den Strompreis ebenfalls nicht mit eingerechnet wurden die Kosten für die bis heute noch völlig unklare Endlagerung der hochradioaktiven Abfälle, die so ein Kern-

Heute steht vor dem Sarkophag des am 26. April 1986 explodierten Bocks 4 des Kernkraftwerks Tschernobyl in der Ukraine ein Gedenkmal.

Geisterstadt: Nach dem Super-GAU von Fukushima vom 11. März 2011 mussten alle Bewohner die 20 Kilometer entfernte Kleinstadt Namie wegen der hohen radioaktiven Strahlung verlassen.

kraftwerk eben produziert, sowie die ebenfalls noch völlig unklaren Kosten für den vornehm „Rückbau" genannten Abriss alter Kernkraftwerke mit ihren zahlreichen stark verstrahlten Bauteilen. Während sich abzeichnet, dass die Kosten für die Suche und den Bau eines wenigstens möglichst sicheren Endlagers für Atommüll komplett auf den Steuerzahler zukommen, ist diese Frage bei den Abrisskosten noch nicht endgültig geklärt. Die Betreiber der Kernkraftwerke würden ihre Anlagen am liebsten an den Staat abgeben und ihm als einer Art „Bad Bank" für Atomkraftwerke die gesamte Sache überlassen. 2014 wurden die Kosten für den „Rückbau" aller deutschen Kernkraftwerke auf 50 Milliarden Euro geschätzt, aber die ersten praktischen Erfahrungen haben bereits gezeigt, dass sich die veranschlagten Summen wohl mindestens verdoppeln werden. Rechnet man die Subventionen in den Strompreis hinein, dann zeigt sich, dass eine Kilowattstunde Atomstrom mit über 16 Cent teurer ist als jede andere Stromart und doppelt so teuer wie eine Kilowattstunde Windstrom oder Wasserstrom mit jeweils rund acht Cent. Die Lüge ist aufgeflogen.

Auch die These von der angeblich so sauberen Kernenergie ist eine Lüge. Vor allem vor dem Hintergrund der Diskussion um die CO2-Emissionen und ihren Beitrag zur globalen Erwärmung wird die Kernkraft von ihren Befürwortern gerne geradezu zum eigentlichen Ökostrom stilisiert. Sie behaupten, dass die Kernenergie kohlendioxidfrei und damit ein Beitrag zum globalen Klimaschutz sei. Aber auch das ist eine Lüge. Der Beitrag der Atomenergie zur weltweiten Energieversorgung liegt heute bei unter fünf Prozent. Wenn Atomkraft also aus Gründen des Klimaschutzes einen deutlich höheren Anteil am weltweiten Energiebedarf abdecken sollte, müssten zusätzlich Tausende neuer Kernkraftwerke gebaut werden. Ihr Betrieb würde allerdings schon an den weltweit begrenzten Uranvorräten scheitern. Zudem sind Atomkraftwerke unflexible Großstrukturen, die einen konstant hohen Energieverbrauch erfordern und so die massive Verschwendung von Energie fördern. Auch statistisch betrachtet stehen die Länder mit einem hohen Kernenergieanteil in Sachen Kohlendioxidausstoß keineswegs besser da als vergleichbare Industriestaaten, sondern wie etwa die USA oder Frankreich sogar deutlich schlechter. Zudem kann man die CO2-Bilanz der Kernenergie nicht nur auf den Prozess der Stromerzeugung selbst reduzieren, sondern muss auch den Betrieb der Anlagen insgesamt, den Abbau, den Transport und die Anreicherung des Urans, die Wiederaufarbeitung und die Lagerung des Atommülls miteinbeziehen, und da ist die CO2-Bilanz beileibe nicht mehr neutral. Deshalb ist die Kernenergie für den Klimaschutz eine Illusion. Noch eine Lüge ist aufgeflogen.

Den größten Konflikt zwischen den Befürwortern und den Gegnern der Kernenergie gibt es um die Frage ihrer Sicherheit. Eigentlich gäbe es nach Tschernobyl und Fukushima dazu gar nicht mehr allzu viel zu sagen, wären da nicht diese Hardliner, die die Risiken sogar im Falle eines GAU verharmlosen und etwa behaupten, dass die Strahlung, die von Fukushima ausgeht, mit der Strahlung während eines Langstreckenfluges vergleichbar sei. Das ist eine dreiste und hochgradig zynische Lüge, denn bei einer Kernspaltung entstehen radioaktive Substanzen mit zum Teil extrem langer Verfallszeit und hoher toxischer Wirkung, die in der Natur so gar nicht vorkommen. Natürlich muss man den Betreibern von Kernkraftwerken zugutehalten, dass sie aus jeder Atomkatastrophe gelernt haben und ihre Kraftwerke – sofern möglich – verbesserten Sicherheitsstandards angepasst haben. So führte die Explosion des Blocks 4 von Tschernobyl in der Ukraine mit der anschließenden Verseuchung weiter Teile Europas durch radioaktiven Fallout zum Abrücken von den hochriskanten Technologien des Hochtemperaturreaktors und des Schnellen Brüters. Nach dem GAU in vier Blöcken des Kraftwerks Fukushima unterzog man die deutschen Kernkraftwerke einem „Stresstest" und zog acht der 17 Anlagen anschließend aus dem Verkehr. Ein bezeichnendes Licht auf die angebliche Sicherheit der Kernkraftwerke wirft auch die Tatsache, dass keine der Anlagen versichert ist, weil keine Versicherung angesichts der hohen Risiken im Schadensfall dazu bereit ist. Warum sollte man Kernkraftwerke also nicht versichern, wenn sie doch so sicher sind? Aber die Frage der Sicherheit betrifft ja nicht nur die Kernkraftwerke selbst, sondern auch die Endlager für den hochradioaktiven Atommüll. Bisher sind in Deutschland überhaupt nur vier Standorte als mögliche Endlager diskutiert worden. Die Erkundungsarbeiten in Gorleben wurden mittlerweile eingestellt. Das Lager Asse bei Wolfenbüttel ist aufgrund von Wassereinbrüchen einsturzgefährdet – die dort bereits eingelagerten Abfälle müssen schnellstmöglich wieder nach oben geholt werden. Beim mittlerweile geschlossenen Lager Morsleben in der Magdeburger Börde hatten bereits die DDR-Gutachter mangelnde Standfestigkeit konstatiert. Und auch beim Schacht Konrad in Salzgitter, dem einzigen atomrechtlich genehmigten Endlager, hat man mittlerweile einströmendes Wasser festgestellt. Sicherheit sieht anders aus.

„EUROPA IST UNDEMOKRATISCH UND BRINGT NUR NACHTEILE"

Warum Lügen über die Europäische Union „in" sind

EU-Bashing ist „in"! Undemokratisch sei die Europäische Union, bringe nur Nachteile und koste nur das Geld der Steuerzahler, so die „Basher". In Zeiten der Euro-Krise schießen überall in den Mitgliedstaaten neue Parteien wie Pilze aus dem Boden, deren einzige programmatische Zielrichtung sich gegen die Europäische Union, ihre Mitglieder, ihre Institutionen und ihre Arbeit richtet. Unter ihnen findet man rechtspopulistische Parteien, die gegen die Personen-Freizügigkeit für arme Länder wie Bulgarien oder Rumänien oder einfach nur für die Wiedereinführung der D-Mark oder den Austritt aus der Union sind, aber ebenso linksdogmatische Parteien, für die Europa eine undemokratische, beinahe schon wieder „faschistische" Organisation ist. Das Schlimme: Sie alle lassen sich, getragen von einer allgemeinen Ablehnung der Europäischen Union in der Bevölkerung, in das Europäische Parlament wählen und versuchen die Union mit ihren Lügen von innen heraus zu zersetzen. Und die Politiker der „Altparteien" sind mit schuld daran, indem sie ebenfalls Lügen verbreiten und nichts gegen die Intransparenz der Europäischen Union tun, weil sie ihnen nützt. Damit tragen sie zur Stimmungsmache in der Bevölkerung noch bei und bereiten den geistigen Nährboden für diejenigen, die Europa zerstören wollen.

Lüge 1: „Europa ist undemokratisch." Das Problem an der Europäischen Union ist, dass sie so ein unerhört komplexes Gebilde mit so vielen Institutionen und institutionalisierten Prozessen ist, dass niemand da auf die Schnelle durchblickt. Deshalb haben die Welt-Schnellerklärer von den europafeindlichen Parteien auch so ein leichtes Spiel, wenn sie ihre Lüge von der undemokratischen Union unter die Leute bringen. Dabei ist genau das Gegenteil der Fall. Demokratie bedeutet ja schließlich auch in der Bundesrepublik nicht, dass eine gewählte Regierung jede ihrer Maßnahmen dem Volk einzeln zur Abstimmung per Volksentscheid vorlegen muss. Der für den Bürger aktive Teil der Demokratie erschöpft sich im Grunde genommen in der Stimmabgabe bei den Wahlen, danach sind die Politiker bis zur nächsten Wahl auf die Zustimmung der Wähler nicht mehr angewiesen. Anders ist es aber in Europa auch nicht: Mit der Wahl zum Europa-Parlament nimmt der EU-Bürger sein demokratisches Grundrecht auf politische Teilhabe wahr. Und das Europa-Parlament wurde in den letzten Jahrzehnten kräftig demokratisiert. Ursprünglich war es nämlich nur ein nicht frei gewähltes Organ, das den übermächtigen Ministerrat lediglich beraten durfte. Im Jahre 1979 wurde es dann erstmals von allen Bürgern der damals noch Europäischen Gemeinschaften gewählt. Seitdem sind auch seine Kompetenzen immer weiter erhöht worden. So hat es heute viele Rechte bei der Wahl einer EU-Kommission. So müssen sich beispielsweise alle Kandidaten vor ihrer Wahl einer ausführlichen Befragung im Europaparlament unterziehen. Zudem besitzt das Europa-Parlament heute auch in der europäischen Gesetzgebung so viel

In diesem Saal in den Kapitolinischen Museen in Rom begann am 25. März 1957 mit der Unterzeichnung der Römischen Verträge der europäische Integrationsprozess.

Macht, dass der Ministerrat nicht mehr – wie früher üblich – die wichtigsten Entscheidungen einfach über den Kopf der Volksvertretung hinweg fällen kann. Das ist ein großer Fortschritt in der Demokratisierung der Europäischen Union, weil er mehr Gewaltenteilung herstellt. Die war nämlich früher nicht so sehr gegeben, weil im Ministerrat Vertreter der nationalen Regierungen, also der ausübenden Gewalt, die gesetzgebende Gewalt ausgeübt haben.

Wenn die Europäische Union bei der Demokratisierung in den letzten Jahrzehnten unverkennbar große Schritte gemacht hat, wie kann es dann aber sein, dass die Lüge von der undemokratischen EU auf so fruchtbaren Nährboden fällt? Hier sind die nationalen Regierungen in der Pflicht, die sich gegenüber der Europäischen Union oft sehr unsolidarisch verhalten. Überhaupt, der Ministerrat: Jahrzehntelang war er das allein verantwortliche gesetzgebende Organ Europas, und auch heute noch ist gegen seinen Widerstand kein einziger europäischer Gesetzesentwurf möglich. Er ist eines der „Herzen" der EU und besteht aus den nationalen Fachministern der einzelnen Mitgliedstaaten. Wenn nun also ein nationaler Fachminister im Ministerrat ein Gesetz mit verabschiedet, dann anschließend in seine Hauptstadt oder seinen Wahlkreis zurückfährt und dort – möglicherweise aus Wahlkampfgründen – gegen ebendieses Gesetz und „die da in Brüssel" wettert, dann ist das schon sehr verlogen. Aber das ist keine Ausnahme, sondern zumindest in manchen Regionalparteien eher schon die Regel. Die nationalen Politiker verschleiern damit gerne systematisch, dass sie es sind, die die Grundzüge der europäischen Politik bestimmen. „Die da in Brüssel" sind nämlich im Grunde genommen „die da in Berlin", „die da in Paris" und „die da in London", um nur einige zu nennen. Wenn aber die Europäische Kommission es wagt, vom Ministerrat beschlossene Politik gegen die Interessen eines größeren Landes, das sich nicht an die Spielregeln hält, auch durchzusetzen, ist der Aufschrei der Europagegner dort meist noch größer. Sie fragen, wie es die „undemokratische" Kommission wagen kann, ihrer gewählten nationalen Regierung Vorschriften zu machen. Die Antwort ist ganz einfach: Weil ihre demokratisch gewählte Regierung es in Brüssel oder Luxemburg so beschlossen hat, dass dies so sein kann. Also noch einmal: „Die Europäische Union ist undemokratisch" – alles nur populistische Polemik und Lüge!

„Europa bringt nur Nachteile" – wer das behauptet, dem ist nun wirklich nicht mehr zu helfen. Diese Lüge wird vor allem von den rechtspopulistischen Europafeinden in die Welt gesetzt und zielt auf drei Punkte ab, die unter dem innenpolitischen Druck der neuen Anti-Europa-Parteien auch von etablierten Parteien immer mehr thematisiert werden. In Deutschland sind dies vor allem die Lügen, dass der Euro Deutschlands Wirtschaft schadet, dass die Mitgliedschaft Deutschlands in der Europäischen Union nur Geld kostet und dass die Personen-Freizügigkeit zu einer massenhaften Einwanderung aus den neuen armen EU-Mitgliedstaaten aus Osteuropa in die deutschen Sozialsysteme führt.

Bei der Konstruktion und der Einführung des Euro sind sicher Fehler gemacht worden. Den Staaten der Europäischen Union eine gemeinsame Währung zu geben ohne eine gemeinsame Wirtschaftspolitik, hat sicher zur hemmungslosen Staatsverschuldung in einigen Ländern beigetragen. Auch hätten manche Länder noch gar nicht in die Euro-Zone aufgenommen werden dürfen, weil sie noch gar nicht bereit dafür waren. In der Wirtschaftskrise war das dann für diese Länder der Genickbruch, weil sie ihre nationale Währung nicht mehr einseitig ihrer wirtschaftlichen Lage anpassen und abwerten konnten, wie etwa im Beispiel Griechenland. Doch für die Bundesrepublik hat der Euro überwiegend Gutes gebracht: Mit dem Euro sind Exporte billiger geworden, viele Transaktionskosten und Ausgaben für die Absicherung der Risiken von Wechselkursschwankungen fielen weg. Zudem hat der Euro Deutschland letztlich auch vor den Auswirkungen der Finanzkrise geschützt, denn wenn jedes Land damals einzeln dagestanden hätte, wären die Risiken eines Staatsbankrotts noch viel höher gewesen. Andererseits: Wenn Deutschland aus der Euro-Zone austräte und die D-Mark wieder einführte, würden Importe dadurch zwar billiger, aber die Exporte deutlich teurer. Das würde in Deutschland einen massiven Verlust von Arbeitsplätzen bedeuten. Zudem müssten Unternehmen, Haushalte und Banken ihre während der Euro-Zeit im Ausland getätigten Investitionen wahrscheinlich abschreiben, was für viele den Konkurs bedeute würde. In der Konsequenz müsste Deutschland dann auch aus der Europäischen Union insgesamt austreten. Zölle und Handelsbeschränkungen kämen dann wieder. Europa würde wieder – wie einst im 19. und frühen 20. Jahrhundert – in nationale Volkswirtschaften zerfallen und sich damit weltpolitisch marginalisieren, und das im Zeitalter der Globalisierung. Wer kann das schon wollen?

Die nächste Lüge: „Deutschland zahlt in der EU nur drauf!" Das sieht vielleicht auf den ersten Blick so aus, stimmt aber unter dem Strich nicht. Von den rund 20 Milliarden Euro, die Deutschland etwa im Jahre 2010 insgesamt an die Europäische Union überwiesen hat, flossen zwar nur rund 12 Milliarden Euro direkt wieder als Hilfe für strukturschwache Regionen, für die deutsche Landwirtschaft sowie für zahlreiche Ausbildungs- und Beschäftigungsprogramme nach Deutschland zurück. Was aber allein aus diesen Zahlen nicht hervorgeht: Keine andere europäische Volkswirtschaft profitiert so sehr vom EU-Binnenmarkt wie die deutsche. Fast zwei Drittel der deutschen Ausfuhren gehen in EU-Länder, und der Export in die neuen Mitgliedstaaten hat sich weitaus schneller entwickelt als die Ausfuhren in den Rest der Welt. Die Bundesrepublik als bloßer „Zahlmeister der EU"? Glatte Lüge!

Bliebe noch das Stammtisch-Gespenst der Armuts-Masseneinwanderung von osteuropäischen EU-Bürgern in die deutschen Sozialsysteme. Es ist zutiefst perfide, unterstellt es doch den im Rahmen der Personen-Freizügigkeit legal zu uns eingewanderten Menschen grundsätzlich Faulheit oder kriminelle Energie. Dabei wollen die allermeisten der rund 100.000 Rumänen und Bulgaren, die jedes Jahr nach Deutschland kommen, hier einfach nur arbeiten. Von den meisten Einwanderern wird das Land profitieren. Sie füllen Lücken in Bereichen, in denen Fachkräftemangel herrscht, sie zahlen Steuern und Sozialabgaben. Die Arbeitslosenquote der eingewanderten Bulgaren und Rumänen war im Jahre 2013 sogar niedriger als in der Gesamtbevölkerung. Und dass es auch Fälle von Sozialmissbrauch gibt, damit werden die Deutschen leben müssen – schließlich ist das keine „Spezialität" von Ausländern, auch wenn darüber immer wieder die gleichen Lügen verbreitet werden. So kann man nur hoffen, dass Europa stark genug ist, sich gegen diese Anfeindungen und Lügen auf Dauer zu behaupten!

Bei der Konstruktion und der Einführung des Euro sind sicher Fehler gemacht worden. Doch für die Bundesrepublik hat die Gemeinschaftswährung der Europäischen Union überwiegend Gutes gebracht.

LITERATURVERZEICHNIS

Archbold, Rick u. Ballard, Robert D.: Das Geheimnis der Titanic, Berlin 2000

Arndt, Johannes: Der Dreißigjährige Krieg 1618–1648, Stuttgart 2009

Bamford, James: NSA – Die Anatomie des mächtigsten Geheimdienstes der Welt, München 2002

Beevor, Antony: Der Zweite Weltkrieg, München 2014

Benz, Wolfgang; Graml, Hermann u. Weiß, Hermann (Hrsg.): Enzyklopädie des Nationalsozialismus, München 1997

Bettetini, Maria: Eine kleine Geschichte der Lüge. Von Odysseus bis Pinocchio, Berlin 2003

Bierling, Stephan: Geschichte des Irakkriegs. Der Sturz Saddams und Amerikas Albtraum im Mittleren Osten, München 2010

Black, Jim Nelson u. Sada, Georges: Saddams Geheimnisse, Basel 2006

Börm, Henning: Westrom. Von Honorius bis Justinian, Stuttgart 2013

Borst, Arno: Barbaren, Ketzer und Artisten: Welten des Mittelalters, München/Zürich 1988

Bosworth, Albert Brian: Conquest and Empire. The Reign of Alexander the Great, Cambridge 1993

Botscharow, Gennadi: Die Erschütterung. Afghanistan – Das sowjetische Vietnam, Berlin 1991

Bracher, Karl Dietrich: Die deutsche Diktatur. Entstehung, Struktur, Folgen des Nationalsozialismus, Berlin 1997

Brandau, Birgit: Troia. Eine Stadt und ihr Mythos, Bergisch Gladbach 1997,

Brandt, Hartwin: Das Ende der Antike. Geschichte des spätrömischen Reiches, München 2004

Brinkbäumer, Klaus u. Höges, Clemens: Die letzte Reise: Der Fall Christoph Kolumbus, München 2004

Bruder, Klaus-Jürgen u. Voßkühler, Friedrich: Lüge und Selbsttäuschung, Göttingen 2009

Bucher, Corina: Christoph Kolumbus, Korsar und Kreuzfahrer, Darmstadt 2006

Bulst-Thiele, Marie-Luise: Sacrae domus militiae Templi Hierosolymitani magistri. Untersuchungen zur Geschichte des Templerordens, Göttingen 1974

Burleigh, Michael: Die Zeit des Nationalsozialismus. Eine Gesamtdarstellung, Frankfurt am Main 2000

Christ, Karl (Hrsg.): Der Untergang des Römischen Reiches, Darmstadt 1986

Cronin, Vincent: Napoleon. Stratege und Staatsmann, München 2002

Demandt, Alexander: Alexander der Große: Leben und Legende, München 2009

Demandt, Alexander: Geschichte der Spätantike, München 1998

Demurger, Alain: Die Templer. Aufstieg und Untergang 1120–1314, München 2007

Dietz, Simone: Die Kunst des Lügens. Eine sprachliche Fähigkeit und ihr moralischer Wert, Reinbek bei Hamburg 2003

Dinzelbacher, Peter: Die Templer. Ein geheimnisumwitterter Orden? Freiburg 2002

Dollinger, Hans (Hrsg.): Hexen, Mönche, Rittertum. Das große Buch vom Mittelalter, Erftstadt 2006

Eaton, John P. u. Hass, Charles A.: Titanic – Legende und Wahrheit, Königswinter 2012

Elbern, Stephan: Nero. Kaiser, Künstler, Antichrist, Mainz 2010

Erdmann, Carl: Die Entstehung des Kreuzzuggedankens, Darmstadt 1980

Fini, Massimo: Nero. Zweitausend Jahre Verleumdung. Die andere Biographie, München 1994

Fischer, Fritz: Griff nach der Weltmacht, Düsseldorf 1961

Flemming, Thomas u. Koch, Hagen: Die Berliner Mauer. Geschichte eines politischen Bauwerks, Berlin 2001

Flügge, Manfred: Heinrich Schliemanns Weg nach Troja – Die Geschichte eines Mythomanen, München 2001

Fried, Johannes: Donation of Constantine and Constitutum Constantini. The Misinterpretation of a Fiction and its original Meaning, Berlin 2007

Fuhrmann, Horst: Einladung ins Mittelalter, München 1987

Fuhrmann, Horst: Konstantinische Schenkung, in: Lexikon des Mittelalters, München 1992

Fuhrmann, Horst: Überall ist Mittelalter: Von der Gegenwart einer vergangenen Zeit, München 1996

Gallè, Volker (Hrsg.): Arminius und die Deutschen. Dokumentation der Tagung zur Arminiusrezeption am 1. August 2009 im Rahmen der Nibelungenfestspiele Worms, Worms 2011

Ganschow, Jan; Haselhorst, Olaf u. Ohnezeit, Maik (Hrsg.): Der Deutsch-Französische Krieg 1870/71. Vorgeschichte – Verlauf – Folgen, Graz 2009

Geiss, Imanuel: Der lange Weg in die Katastrophe. Die Vorgeschichte des Ersten Weltkrieges 1815–1914, München 1991

Gewecke, Frauke: Christoph Kolumbus, Frankfurt am Main 2006

Gibbs, David N.: Die Hintergründe der sowjetischen Invasion in Afghanistan 1979, in: Greiner, Bernd; Müller, Christian Th. u. Walter, Dierk (Hrsg.): Heiße Kriege im Kalten Krieg, Hamburg 2006

Green, Peter: Alexander of Macedon. A historical Biography, Berkeley/Los Angeles/London 1992

Gruchmann, Lothar: Der Zweite Weltkrieg. Kriegführung und Politik, München 1985

Hahn, Lothar u. Radkau, Joachim: Aufstieg und Fall der deutschen Atomwirtschaft, Berlin 2013

Hartmann, Jürgen: Das politische System der Europäischen Union, Frankfurt am Main 2009

Helmer, Karl: Bildungswelten des Mittelalters. Denken, Gedanken, Vorstellungen und Einstellungen, Baltmannsweiler 1997

Herre, Franz: Napoleon III. Glanz und Elend des zweiten Kaiserreiches, München 1990

Herrmann, Horst: Nero. Eine Biographie, Berlin 2005

Hitler, Adolf: Mein Kampf, München 1925

Höfler, Otto: Siegfried, Arminius und der Nibelungenhort, Wien 1978

Holzweißig, Gunter u. Rühle, Jürgen: 13. August 1961. Die Mauer von Berlin, Köln 1988

Homer: Ilias, Ditzingen 2004

Hore-Lacy, Ian: Nuclear Energy in the 21st Century, Waltham, Massachusetts 2006

Kaina, Viktoria: Wir in Europa. Kollektive Identität und Demokratie in der Europäischen Union, Wiesbaden 2009

Kaiser, David: The Road to Dallas: The Assassination of John. F. Kennedy, Cambridge, Massachusetts 2008

Kampmann, Christoph: Europa und das Reich im Dreißigjährigen Krieg, Stuttgart 2008

Kant, Immanuel: Über ein vermeintes Recht aus Menschenliebe zu lügen, Königsberg 1797

Keegan, John: Der Erste Weltkrieg. Eine europäische Tragödie, Reinbek bei Hamburg 2000

Keegan, John: Der Zweite Weltkrieg, Reinbek bei Hamburg 2004

Kempe, Frederick: Berlin 1961. Kennedy, Chruschtschow und der gefährlichste Ort der Welt, München 2011

Kolb, Eberhard: Der Kriegsausbruch 1870: Politische Entscheidungsprozesse und Verantwortlichkeiten in der Julikrise 1870, Göttingen 1970

Kurtz, Michael L.: The JFK Assassination Debates. Lone Gunman versus Conspiracy, Lawrence, Kansas 2006

Lambrecht, Rudolf; Müller, Leo u. Müller, Michael: Der Fall Barschel – Ein tödliches Doppelspiel, Berlin 2007

Latacz, Joachim: Troia und Homer. Der Weg zur Lösung eines alten Rätsels, Leipzig 2010

Leyendecker, Hans: Die Lügen des Weißen Hauses, Reinbek bei Hamburg 2004

Lynch, Donald u. Marschall, Ken: Titanic – Königin der Meere, München 1997

McKnight, Gerald D.: Breach of Trust. How the Warren Commission failed the Nation and why, Lawrence, Kansas 2005

Milger, Peter: Gegen Land und Leute – Der Dreissigjährige Krieg, München 2001

Mommsen, Wolfgang J.: Die Urkatastrophe Deutschlands. Der Erste Weltkrieg 1914–1918, Stuttgart 2002

Müller, Jörn u. Nissing, Hanns-Gregor (Hrsg.): Die Lüge. Ein Alltagsphänomen aus wissenschaftlicher Sicht, Darmstadt 2007

Müller, Rolf-Dieter: Der Zweite Weltkrieg, Stuttgart 2004

Neles, Julia Mareike u. Pistner, Christoph (Hrsg.): Kernenergie. Eine Technik für die Zukunft? Berlin/Heidelberg 2012

Phillips, Jonathan: Heiliger Krieg: Eine neue Geschichte der Kreuzzüge, München 2011

Posner, Gerald: Case Closed. Lee Harvey Oswald and the Assassination of JFK, New York 2003

Radkau, Joachim: Aufstieg und Krise der deutschen Atomwirtschaft 1945–1975. Verdrängte Alternativen in der Kerntechnik und der Ursprung der nuklearen Kontroverse, Reinbek bei Hamburg 1983

Reichardt, Rolf: Das Blut der Freiheit. Französische Revolution und demokratische Kultur, Frankfurt am Main 2002

Reiners, Ludwig: Bismarck gründet das Reich, München 1957

Richter, Peter: Blühende Landschaften, München 2004

Riley-Smith, Jonathan: Wozu heilige Kriege? Anlässe und Motive der Kreuzzüge, Berlin 2003

Sarnowsky, Jürgen: Die Templer, München 2009

Schachermeyr, Fritz: Alexander der Große. Das Problem seiner Persönlichkeit und seines Wirkens, Wien 1973

Schleswig-Holsteinischer Landtag: Der Kieler Untersuchungsausschuß, Kiel 1988

Schleswig-Holsteinischer Landtag: Der Kieler Untersuchungsausschuß II, Kiel 1996

Schormann, Gerhard: Der Dreißigjährige Krieg, Göttingen 2004

Seibt, Ferdinand: Glanz und Elend des Mittelalters. Eine endliche Geschichte, Berlin 1987

Sponeck, Hans-C. Graf u. Zumach, Andreas: Irak. Chronik eines gewollten Krieges, Köln 2003

Störmer, Susanne: Titanic – Mythos und Wirklichkeit, Berlin 1998

Tyerman, Christopher: God's war. A new history of the crusades, London 2007

Unverfehrt, Gerd: Arminius als nationale Leitfigur, in: Mai, Ekkehard u. Waetzoldt, Stephan (Hrsg.): Kunstverwaltung, Bau- und Denkmalpolitik im Kaiserreich, Berlin 1981

Venzke, Andreas: Der Entdecker Amerikas – Aufstieg und Fall des Christoph Kolumbus, Berlin 2006

Wagner-Egelhaaf, Martina (Hrsg.): Hermanns Schlachten. Zur Literaturgeschichte eines nationalen Mythos, Bielefeld 2008

Waldherr, Gerhard: Nero. Eine Biografie, Regensburg 2005

Wehler, Hans-Ulrich: Der Nationalsozialismus. Bewegung, Fuhrerherrschaft, Verbrechen 1919–1945, Munchen 2009

Weidenfeld, Werner: Die Europäische Union, München 2013

Weinberg, Gerhard L.: Eine Welt in Waffen. Die globale Geschichte des Zweiten Weltkriegs, Stuttgart 1995

Weiner, Tim: CIA: Die ganze Geschichte, Frankfurt am Main 2008

Wessels, Herbert: Ein politischer Fall. Uwe Barschel – Die Hintergründe der Affäre, Weinheim 1988

Wessels, Wolfgang: Das politische System der Europäischen Union, Wiesbaden 2008

Wetzel, David: A Duel of Giants: Bismarck, Napoleon III, and the Origins of the Franco-Prussian War, Madison, Wisconsin 2001

Wippermann, Wolfgang: Der konsequente Wahn. Ideologie und Politik Adolf Hitlers, Gütersloh 1989

Wolfrum, Edgar: Die Mauer. Geschichte einer Teilung, München 2009

Zeillinger, Kurt: Otto III. und die Konstantinische Schenkung. Ein Beitrag zur Interpretation des Diploms Kaiser Ottos III. für Papst Silvester II., in: Fälschungen im Mittelalter, Hannover 1988

BILDNACHWEIS

Regionalia Verlag, Archiv: 13, 18, 20, 28-29, 32, 33, 35, 39, 41, 42, 51, 52, 55, 56, 58, 60, 67

Wikimedia commons: Seite 7 (Bruckner), 10 (o.A.), 15 (AndreasPraefcke), 22 (o.A.), 24 (Revolutio germanica von Jost Hermand and Michael Niedermeier, Frankfurt am Main 2002, S. 233), 27 (Bibi Saint-Pol), 36 (o.A.), 45 (Guillaume de Tyr), 46 (o.A.), 62 (Georg Heinrich Sieveking), 64-65 (wartburg.edu), 68-73 (o.A.), 81 (Vberger), 83 (o.A.), 84 (Hans Sönnke), 87-97 (o.A.), 101 (Bundesarchiv, B 145 Bild-F065018-0011 / Reineke, Engelbert / CC-BY-SA), 102 (Bundesarchiv, B 145 Bild-F080691-0010 / Wegmann, Ludwig / CC-BY-SA), 105-108 (o.A.), 108 (Aude), 113-119 (o.A.)

Sonstige, gemeinfrei: 76, 77, 79, 81

EBENFALLS IM PROGRAMM DES REGIONALIA VERLAGES

ISBN 978-3-939722-31-1

ISBN 978-3-95540-103-0

ISBN 978-3-95540-115-3

ISBN 978-3-939722-75-5

Jeweils 128 Seiten, Hardcover, € 4,95